SEGUNDA EDICIÓN

SIETE CARTAS

DETALLANDO EL MARCO PROFÉTICO DEL REGRESO DE CRISTO

GREGORY A BOOKER

SIETE CARTAS
QUE DETALLAN EL MARCO PROFÉTICO DEL REGRESO DE CRISTO: Y SUS ESCRITOS INSPIRADOS

Copyright © 2025 **Gregory A Booker**

ISBN (Rústica): 979-8-89672-095-9
ISBN (Tapa Dura): 979-8-89672-097-3
ISBN (Ebook): 979-8-89672-096-6

Debido a la naturaleza dinámica de Internet, las direcciones web o los enlaces contenidos en este libro pueden haber cambiado desde su publicación y dejar de ser válidos. Las opiniones expresadas en la obra son exclusivamente las del autor y no reflejan necesariamente los puntos de vista de la editorial, por lo que ésta declina toda responsabilidad al respecto.

A menos que se indique lo contrario, todas las citas de las Escrituras están tomadas de la versión Reina Valera de 1960 (RVR1960), de dominio público.

Diseño de portada: Kara Starcher at mountaincreekbooks.com

Printed in the United States of America.

PROMINENT
BOOKS
EDGE

5830 E 2nd St, Ste 7000 #9983
Casper, WY 82609
USA

"Entonces vi el cielo abierto; y he aquí un caballo blanco, y el que lo montaba se llamaba Fiel y Verdadero, y con justicia juzga y pelea".
—Apocalipsis 19:11

www.greggb4hope.com

UN AGRADECIMIENTO ESPECIAL

A TODOS AQUELLOS QUE ME ANIMARON a continuar prestándome su oído y su tiempo, su talento y su esperanza en Cristo: el pastor Hanserd, Michael, Frank, Carla, Ron, Ethan, Morris, Sharon, John, Dennis, Vicki, el pastor Cooper e innumerables otros que el Señor ha traído ante mí. Y, por último, pero no menos importante, la voz del Espíritu.

Esta segunda edición es una combinación de dos libros separados en un solo libro. Los libros anteriores fueron titulados *Siete Cartas Detallando el Marco Profético del Regreso de Cristo* y *Escritos Inspirados de un Profeta para Jesús el Cristo*. Han sido editados y fusionados para beneficiar a los lectores con mejores precios y para dar una visión más completa de la visión, experiencia y misión del autor.

> "Y en los postreros días, dice dios, derramaré de mi espíritu sobre toda carne, y vuestros hijos y vuestras hijas profetizarán; vuestros jóvenes verán visiones, y vuestros ancianos soñarán sueños; y de cierto sobre mis siervos y sobre mis siervas en aquellos días derramaré de mi espíritu, y profetizarán." (Hechos 2:17–18).

RESUMEN DE LAS ESCRITURAS UTILIZADAS EN LAS SIETE CARTA

Las escrituras clave utilizadas a lo largo de este libro y las cartas correspondientes incluyen:

CARTAS 1–3
- Mateo 24- "¿Cuándo es la señal de tu venida y del fin del mundo?"
- Daniel 9:22-27-Las setenta semanas que están sobre Israel y la Ciudad Santa.
- Romanos 11-La parábola del olivo: El pacto de preaviso para los cristianos y el pacto de esperanza para Israel.

CARTA 4
- Daniel 2, 7, 8, 11 y 12: El reino de los diez cuernos; la personalidad del Anticristo; la piedra que hirió, y un reino eterno.
- Apocalipsis 13:1-8-Diez cuernos sostenidos por siete cabezas

CARTA 5
- Juan 21:15-25- ¿Quién es "otro" para seguir a Pedro como Pedro no lo haría?
- Apocalipsis 17- La misteriosa Babilonia señala con el dedo a Roma

CARTA 6

- Romanos 11- ¡Este es mi pacto que hago con ellos! ¡Lo que los cristianos deben saber sobre "el otro pacto"!
- 1 Corintios 12-14- Importancia del ministerio profético
- Apocalipsis- Quiénes son los santos de la tribulación y por qué lo son; profetas del Antiguo Testamento y apóstoles del Nuevo Testamento; profecía sobre el regreso de Israel como nación ¡y que las naciones serán probadas como lo fue Israel!

CARTA 7

- Génesis 3:14-15 y Romanos 5:18-19- La medida completa de Jesucristo
- 1 Tesalonicenses 5- ¿La paz y la seguridad traerán destrucción repentina y por qué?; el propósito de la Septuagésima Semana de Daniel y el Anticristo
- Mateo 24- Jesús responde a las preguntas que hacen los judíos; el mundo es juzgado por fin por el Mesías
- Ezequiel 38-39 y Apocalipsis 19- La batalla de Armagedón; la coronación de los fieles amén

PREFACIO

Efesios 4:11-13 dice: "Y él mismo constituyó a unos, apóstoles; a otros, profetas; a otros, evangelistas; a otros, pastores y maestros, a fin de perfeccionar a los santos para la obra del ministerio, para la edificación del cuerpo de Cristo, hasta que todos lleguemos a la unidad de la fe y del conocimiento del Hijo de Dios, a un varón perfecto, a la medida de la estatura de la plenitud de Cristo;"

Por lo tanto, tengo el placer de presentar a la Iglesia, para la Iglesia, pero no necesariamente por la Iglesia, un mensaje que espero y ruego pueda cumplir los objetivos de Efesios 4:11-13.

Considero que los siguientes comentarios introductorios son fundamentales, ya que ayudan a unir las siete cartas. Aunque cada carta es independiente y distinta, y puede ser válida por sí misma, el tema central del regreso de Cristo está siempre presente. Además, cada carta está fechada en el momento en que fue escrita, antes de muchos de los acontecimientos mundiales actuales. Esta audacia, el Señor requirió de mí para establecer credibilidad trabajando en la oficina de un profeta.

Es curioso que el número siete me diera una sensación de conclusión, aunque había previsto escribir ocho cartas. El siete se conoce a menudo como el número de Dios, y significa finalización. Por lo tanto, pensemos en este libro como una serie de siete cuadros o imágenes diferentes como evidencia concluyente respecto a la cercanía del regreso de Cristo para Su Iglesia.

Cuando todo está dicho y hecho, mi único propósito de publicar estas cartas es que podamos llegar a la unión de la fe, culminando en el conocimiento de la medida completa de Cristo. Una medida parcial sólo producirá un conocimiento parcial de Él, y el hombre perfecto que podemos llegar a ser no se manifestará sin ese evangelio completo. Así que, es para la gloria de Dios que tales verdades se den a conocer en su plenitud en este momento tan apropiado.

Afirmo que estas cartas fueron escritas bajo inspiración y, como tales, se convierten en una visión y una experiencia. La Escritura nos ordena probar el espíritu. Por lo tanto, pido a las iglesias que me desafíen en este sentido. Estas cartas no están por encima ni pretenden reemplazar a la Biblia como tantos otros han hecho produciendo libros y afirmando que son iguales a la Biblia. Sin embargo, sí afirmo que están firmemente construidas sobre el examen bíblico y, por lo tanto, están respaldadas por las Escrituras.

No he hecho otra cosa que creer por fe en Su Palabra tal como está escrita. Sin embargo, Su Palabra como está escrita es lo que muchos en la iglesia tienen gran dificultad en aceptar. Pero que sea la voluntad de Dios que estas cartas nos ayuden a superar este problema.

Me disculpo por tener un título tan largo, pero por más que lo intenté, no pude encontrar uno más corto. Cada una de sus palabras es fundamental para comprender la realidad a la que se enfrentan no sólo las iglesias, sino también el mundo. Por ello, conviene hacer algunos comentarios.

Primero, la palabra "detallar" significa un estudio muy minucioso y completo de la realidad de la profecía, considerando tanto el Antiguo como el Nuevo Testamento, el antiguo Israel y la iglesia del nuevo pacto. He detallado ciertos eventos que apoyan el cumplimiento de la profecía relacionada con el Israel moderno y con las iglesias, tales como "el fin de los tiempos...los últimos días...etc." como se ve en las Escrituras.

Segundo, este libro contiene información para apoyar lo que me ha sido revelado. Por favor, dale al menos una buena lectura. Su intención es dar una visión y claridad con respecto a nuestra generación. Realmente quiero que tú y tu familia consideren algo que puede parecer poco realista pero que, si se le prestas atención, es muy posible y, sin embargo, es muy cierto.

Tercero, muchos eventos en el mundo de hoy verifican la Palabra de Dios y prueban que Dios no está trabajando misteriosamente o en secreto. Es nuestra falta de estudio combinada con una naturaleza incrédula lo que nos ciega al cumplimiento de la profecía. Oro para que mis esfuerzos sean beneficiosos para ti y para los que te rodean. El Espíritu de la Verdad me dice que, si me es dado saber, entonces por fe es mi responsabilidad revelar (Lucas 12:48). El mundo ha experimentado un cambio dramático y espeluznante recientemente

Se prevé que se produzcan más cambios. La política mundial actual, la economía, la agricultura, la banca e incluso nuestras creencias religiosas están siendo desafiadas y, en última instancia, afectadas como nunca antes. Además, los conflictos raciales y étnicos parecen estar a punto de estallar en los Estados Unidos, como ya lo han hecho en muchos otros lugares del planeta. La pregunta que debemos hacernos es: si hay un Dios, ¿cómo y cuándo se revelará?

Hay un fenómeno moderno que "como nación" no ha existido durante casi dos mil años. Esa nación no es otra que Israel. Sin conocer sus creencias, les pido que consideren a Israel y su vínculo único con la Biblia como una señal del "Dios verdadero" y como una señal de la segunda venida de Cristo. Esa nación fue restaurada una vez más en 1948 y ha estado continuamente en las noticias para que todo el mundo la vea. Es como si esa nación fuera una espina en el costado de la Tierra. Piénsalo … piénsalo… y luego piénsalo nuevamente. Sí, toda profecía verdadera glorifica el regreso del Mesías en el tiempo señalado. Las fechas no son importantes, pero las señales sí lo son. La Biblia deja en claro qué es lo que hay que vigilar. Por lo tanto, he vigilado y conozco las señales, y por eso advierto. Sabiendo que quizás no conozcan las muchas promesas para quienes creen en Su nombre, que se diga que la vida eterna es una de ellas y la restauración de Israel después de tanto tiempo de dispersión es la evidencia misma de la existencia eterna de Dios. Por lo tanto, mis hermanos, regocíjense, pero entiendan que Dios debe tratar con aquellos que están en la incredulidad, y hay muchos, porque ese es el precio del libre albedrío.

En cuarto lugar, proclamo que he sido inspirado por el Espíritu Santo para escribir lo que he llegado a saber para el beneficio de otros. Así que apelo a todos y cada uno a considerar estas palabras puestas en mi corazón por el Espíritu de Verdad. Nadie sabe el día, y no tengo la intención de dar un día. Pero recordemos, ¿no dice nuestro Señor "¡Velad!"? ¿No recompensará Él a los que lo esperan? ¿No se nos manda tener esperanza? Y así está escrito en Juan 3:3—

"Respondió Jesús y le dijo: De cierto, de cierto te digo, que el que no naciere de nuevo, no puede ver el reino de Dios."

Con frecuencia me he hecho la pregunta: "¿Por qué a mí, oh Señor? ¿Por qué se me da una visión tan divina sobre los misterios de tu Palabra y estoy tan obligado a revelarlos a todos?". El Espíritu de Verdad siempre me da una respuesta sencilla—¡las preguntas correctas, las que la mayoría tiene miedo de considerar, deben hacerse! Y así busqué y busqué respuestas para esas preguntas difíciles, orando para nunca perder de vista la "perspectiva correcta". Porque ya se estaba dejando en claro que, por el tipo de preguntas, estaba reconociendo la "perspectiva correcta" de Dios y solo Dios.

No tengo un título en teología. No tengo experiencia en ministrar la Palabra, y solo he estado asistiendo a la iglesia en los últimos tres años de manera regular después de casi veinte años de ausencia. Sin embargo, me interesé en la legitimidad de la profecía y, con una afición por la historia del hombre, hice dos preguntas sencillas:

- Pregunta N° 1: Al darme cuenta de que el Antiguo Testamento trataba casi exclusivamente de Israel, pregunté: "¿Cuál es el significado del renacimiento de Israel en mayo de 1948 y tiene algún significado profético?"
- Pregunta N° 2: Sin dudar de la intención literal del Libro de Apocalipsis, pregunté: "¿Cómo puede el hombre estar tan equivocado y Dios estar tan en lo cierto como para que haya que escribir un libro así?"

Y así comencé una búsqueda intensa de la verdad. ¿Podrían el Islam y el cristianismo, que están en desacuerdo entre sí, tener razón? ¡Dios no lo quiera! Porque si así fuera, la rectitud no tendría ningún honor. El Dios verdadero debe hablar a todos los hombres de la misma manera: mi principio absoluto. Sin embargo, seamos muy conscientes del hecho de que el hombre tiene libre albedrío, pero desafortunadamente, el libre albedrío no es garantía de que uno esté de acuerdo con la voluntad de Dios.

Y así busqué, estudiando la profecía, la historia judía y la religión en general. Compré más de veinte libros, que me costaron apenas

250 dólares, y los leí en menos de dieciocho meses (ciertamente, fue una pequeña inversión, pero una gran revelación). Descubrí que la importancia del Dios verdadero no está en la religión, sino en la verdad, porque la verdad es un hecho demostrado por Dios mismo. Eso es lo que realmente veo cuando estudio la primera venida de Cristo. Y veo que la verdad se manifiesta de manera lenta pero segura contra las muchas doctrinas falsas (es decir, la religión) de esta ilustre generación en preparación para la segunda venida de Cristo. Ahora veo lo que el gran apóstol Pablo tuvo la bendición de ver para nuestro beneficio por la gracia de Dios, y el Espíritu de Verdad me guía a escribirlo. Porque está escrito en Jeremías 33:3: "Clama a mí, y yo te responderé, y te enseñaré cosas grandes y ocultas que tú no conoces."

Por lo tanto, deseo que mis esfuerzos y mi fe, por la gracia de Dios, le brinden conocimiento, comprensión, claridad y esperanza en estos tiempos tan desafiantes. En efecto, hay una luz al final del túnel, y esa luz no es nada más que Jesús, de quien el Espíritu deja constancia en 1 Juan 5:11: "Y este es el testimonio: que Dios nos ha dado vida eterna; y esta vida está en su Hijo."

Después de un período de saturación en el estudio de la Palabra Profética de Dios, experimenté un bautismo del Espíritu Santo. En ese momento no sabía por lo que estaba pasando, pero experimenté un llamado y una comisión de Dios para escribir lo que he llegado a saber para el beneficio de la Iglesia. El deseo de contárselo a la gente surgía constantemente dentro de mí. La profecía, como en días pasados, está viva y moviéndose ante nuestros ojos, pero la gran mayoría no está viendo lo que deberíamos poder ver. En otras palabras, vemos con nuestros ojos, pero no vemos con nuestra mente. Dios me tocó para revelar la palabra profética como resultado de mi intenso deseo de querer conocer la realidad de Él en preparación para el regreso de Cristo. Este es mi primer esfuerzo por escribir, y fue debido a una experiencia de nacer de nuevo. Es real. Te invito a leer el libro en su totalidad y verlo en acción. ¡¡¡Gracias y amén!!! Que lo que tengo que decir sea aceptable para tu corazón. Comencemos.

ESCRITOS INSPIRADOS

Y LA MANO DEL SEÑOR FUE SOBRE MÍ
Un Bautismo por el Espíritu Santo

SUCEDIÓ UN DÍA de abril de 1990, en la sala de estar de mi casa. Estaba solo, muy solo, ese día. Había salido temprano del trabajo solo para estudiar la Biblia y orar. Buscaba algo que sabía que estaba allí y continuaba mi búsqueda para alcanzar una mayor comprensión de Jesucristo. Sentado en el sofá mientras leía un libro titulado Sermón del Monte, puse la cabeza hacia atrás, meditando en Su Palabra y, en última instancia, Su justicia. Sin darme cuenta, comencé a caer en una especie de trance, un trance muy profundo. Me encontré incapaz de moverme, pero me movía de todos modos, porque había un peso sobre mí que me estaba llevando lenta pero seguramente del sofá al suelo. Estaba postrado y el peso seguía presionando mi espalda. Intentando levantarme, no pude hacerlo, ni literalmente ni en la visión. Sí, había una visión ante mí.

Mientras luchaba por levantarme, pero no podía, al inclinar la cabeza, vi una estaca clavada en el suelo rocoso. Como parecía que estaba anocheciendo, todo lo que podía ver era la base de la estaca porque no había nada más que ver. De repente, tuve una sensación extraña y profunda de que alguien estaba colgando de esa estaca y que ese alguien era yo. Recuerdo que pensé: *¿Por qué estoy pensando en mí colgando de una estaca si estoy tendido en el suelo?* Y esto es lo que me desconcertó durante toda la visión.

Luché por mirar hacia arriba a la parte superior de la estaca, mirando lentamente y con mucho esfuerzo hacia arriba con los ojos porque el peso seguía presionándome firmemente. Intentando ponerme de pie, ¡no pude! Cuando levanté la cabeza y los ojos, vi los pies y luego las rodillas. La luz a mi alrededor se estaba desvaneciendo porque estaba anocheciendo, pero estaba decidido a ver la cintura y luego el torso.

Sentí verdaderamente que me vería colgado en la cruz. Me sentía muerto, y sin embargo estaba vivo. Ciertamente, me esperaba colgado en esa estaca porque también sentía mis pecados en ese momento. Sí, el peso de mis propios pecados parecía condenarme porque sabía que estaba ante el Señor.

Seguí levantando la cabeza y vi los hombros, y luego vi la cabeza. Todo el cuerpo, cayendo hacia adelante, estaba literalmente desgarrado y sangrando. Miré con asombro. Sí, incluso con asombro, si se quiere, y sin embargo sentí vergüenza absoluta y, en última instancia, miedo, pero oh, también había tanta alegría. Porque no era yo quien estaba en esa cruz. Era otra persona.

Susurré: "¿Es ese Jesús?".

Sabía que Él había tomado mi lugar porque era yo quien debería haber estado allí arriba, y sin embargo, Él estaba allí sin culpa suya.

De repente, una voz resonó en el cielo y me encontré de pie. La voz dijo muy profundamente: "Esto es lo que mi Hijo amado ha hecho por ti".

Cayendo de rodillas, lloré mientras le daba gracias a mi Señor, en verdad. La voz era terrible, pero ahora no temía porque me sentía completo, incluso renovado. Me sentí bautizado por el Espíritu del Señor.

La visión terminó y abrí los ojos, encontrándome en el suelo en lugar del sofá donde estaba sentado. Sudando, perdí todo concepto del tiempo. Aunque el tiempo parecía corto debido a los acontecimientos, sabía que no era así, porque el reloj se aproximaba a más de una hora. Me pregunté: *¿Tuve una experiencia extracorporal?* La respuesta exacta tal vez nunca la sepa, pero esto sí sé: "Estoy crucificado. Sin embargo, Cristo está vivo en mí". Agradecí al Señor por Su paciencia hacia mí y reconocí ante Él que estoy a Su servicio. Después de la visión, seguí estudiando la Palabra profética del Señor, y el 16 de mayo de 1990, mientras trabajaba en mi oficina privada, una voz me dijo: "Ahora escribe lo que has llegado a saber".

Sin dudarlo, escribí mi primera Carta profética, y así comenzó la obra que el Señor me ha llamado a hacer. Y Siete Cartas es esa obra.

LA VISITA AL APOSENTO SUPERIOR

EN UNA FRÍA NOCHE DE INVIERNO en Rockford, Illinois, un grupo de escritores y poetas se sentaron alrededor de una mesa leyendo sus diversas obras. El propósito de la reunión era compartir nuestros talentos y, lo que es más importante, expresar nuestra fe en nuestro Señor Jesús. En esa noche en particular, el pensamiento de lo que esto podría llevar a mí entró en la mente. Allí estábamos, en el nivel inferior de la biblioteca pública. Sin embargo, sentí que el Señor estaba haciendo de él Su aposento superior. Todos proveníamos de diversos orígenes y cubríamos todas las edades y denominaciones. Éramos pocos, pero nuevas caras seguían apareciendo en las reuniones, dándonos nuevas perspectivas y siempre la alegría de un creyente en Cristo. Claramente, algo estaba sucediendo mientras el Señor seguía atrayendo a otros a este lugar creativo con la esperanza de publicar material centrado en Jesús.

El Gremio de Escritores Cristianos de Rockford tuvo la visión de poner su fe en el Señor Jesús en forma impresa. Es un esfuerzo para expresar, compartir y promover a través de la pluma cómo el Señor continúa obrando a través de aquellos que Él toca con Su Espíritu. Personalmente he encontrado más alegría estando en el Señor que haciendo algo por Él y, como resultado, parece que hago aún más por Jesús. Tal es la esencia de las obras colectivas de escritos inspirados que componen este libro. Sería fácil dejarlas acumulando polvo en un estante del armario, escritas, pero nunca leídas. Pensamientos que nunca se pronuncian. Decidí no tomar esta posición, esperando que, aunque sea un solo incrédulo pueda ser tocado para saber que la Palabra es nuestra Luz, y en ella, nada está oculto.

¿Y cuál es el propósito de estos escritos? Personalmente, quiero restaurar la fe y la esperanza que fue establecida hace dos mil años, con la profecía siendo el vehículo de entrega como el Espíritu lo da. Volvamos a recordar que Jesús es el espíritu de profecía, y Él es el Profeta de profetas. Yo simplemente trabajo en Su oficina. Estos escritos inspirados tienen la intención de hablar de Su esperanza y Su advertencia en preparación de una liberación que vendrá algún día. Rezo diariamente para que yo ponga adelante la palabra profética, siendo también una parte de Su ministerio, para la gloria de Dios y trayendo a otros a esa luz maravillosa. En 2 Pedro 1:19-21 está escrito: "Tenemos también la palabra profética más segura, a la cual hacéis bien en estar atentos como a una antorcha que alumbra en lugar oscuro, hasta que el día esclarezca y el lucero de la mañana salga en vuestros corazones; entendiendo primero esto, que ninguna profecía de la Escritura es de interpretación privada, porque nunca la profecía fue traída por voluntad humana, sino que los santos hombres de Dios hablaron siendo inspirados por el Espíritu Santo."

Reflexionando sobre la crucifixión de Cristo, sólo había dos hombres dispuestos a bajar abiertamente a Jesús de la cruz en el momento en que exhaló su último aliento en la cruz. Estos hombres fueron José y Nicodemo, pues los discípulos abandonaron la cruz por miedo a sí mismos. Dios siempre tiene a alguien para hacer Su obra, así que no importó que los discípulos no estuvieran presentes. Por la gracia de Dios, Jesús no les echó nada en cara. Jesús les mostró a un Salvador resucitado, ellos continuaron siendo sus discípulos, y su esperanza fue restaurada.

Durante el tiempo posterior al ministerio de Jesús después de Su resurrección, los doce discípulos se convirtieron en 120 discípulos, esperando algo de lo que no sabían. Se les ordenó esperar y aguardar juntos en el aposento superior, expectantes. Luego, el día de Pentecostés, su fe fue recompensada y fortalecida; dieron a luz a la Iglesia, y el mundo no ha vuelto a ser el mismo desde entonces. Creo que un fenómeno semejante —la búsqueda de la justicia de Dios en un mundo farisaico— está siendo establecido ahora en estos tiempos peligrosos por el Espíritu de Dios. El mundo está sumido en un profundo dolor mientras lucha por vivir con un Dios, pero con desprecio por cualquier verdad o ley de Dios. Tal era el caso en el aposento superior; esos 120 preciosos creyentes estaban siendo puestos para restaurar la posición de Dios. Fueron movidos por el Espíritu a predicar la esperanza a través de la salvación, y la plataforma era Cristo y sólo Cristo. Después del paso de aproximadamente dos mil años, ¿podría el mundo estar retrocediendo a esos tiempos y en necesidad de la realidad de Dios a través de la intervención divina una vez más en una escala aún mayor, si se quiere?

En mi estudio de la Palabra de Dios, hay un error constante cometido por el pueblo de Dios a lo largo de la historia bíblica. No preguntamos a Dios cuál es su plan para sí mismo. Al estar demasiado preocupados por nosotros mismos con demasiada frecuencia, nunca parecemos dispuestos a escuchar este propósito superior. He buscado diligentemente en la Escritura el propósito de Dios para Sí mismo y me he sentido inspirado a escribir la experiencia para beneficio de la Iglesia. Reunámonos una vez más en la sala de estudio de nuestra mente en preparación de Su regreso porque tengo la sensación de que el Señor está preparando una unción fresca para el nuevo milenio. La paz sea contigo a través de nuestro Señor, Cristo.

QUE HAYA

En medio del Cambio...Que haya Quietud.

En medio de la Decepción...Que haya Alegría.

En medio de la Confusión...Que haya Paciencia.

¡Sí! En la hora de nuestra Prueba... ¡Que siempre haya Fe!

Y en nuestro momento de Desesperación...
Que todavía haya Esperanza.

A pesar de estar en medio de estas calamidades...
¡Recuerden que Jesucristo sí puede hacer frente!

Que haya Silencio... Para que podamos susurrar nuestras Oraciones.

Que haya Alegría... Que podamos cantar nuestras Canciones.

Y que haya Paz... Que esperemos en el
Señor, aunque sea mucho tiempo.

Finalmente, si una cosa debemos dejar que haya... Que
haya Amor que pueda estar entre todos nosotros.

Porque sin tal Amor en nuestros corazones podríamos Caer.

Así que mientras crecemos, puede que aún derramemos algunas
Lágrimas más, buscando un Reino más perfecto.

Sin embargo, acerquémonos.

Por lo tanto, oro por el Espíritu de
Armonía... Que todas estas cosas se
encuentren en ti.

Y que una Sanación pueda comenzar
dentro de cada uno de nosotros.
Para un testimonio de lo que el Amor de Cristo puede hacer.

Que estas cosas no sean sin mí... ¡Y, con
toda seguridad, que estas cosas
no sean sin ti!

CARTA I

Inspirada el 16 de mayo de 1990

La Necesidad del Retorno del Pueblo Elegido de Dios

Que el Espíritu de la Verdad hable—Juan 16:13

Y ASÍ COMIENZA UN DIÁLOGO—Una perspectiva de revelación inusual sobre la profecía, el impacto de la historia antigua en los acontecimientos actuales, los esfuerzos del hombre por la utopía y sus constantes fracasos en el proceso. El hombre nunca deja de intentarlo, de una revolución social a otra, pero la utopía parece estar siempre a un paso de distancia, esperando que este o aquel descubrimiento tecnológico la encuentre. Sin reconocer a Dios como su Creador, el hombre intenta sin fin y sin ningún fin prescindir de lo que más necesita. Cuando las cosas se desmoronan, el hombre es lo bastante inteligente para preguntar: "¿Qué salió mal?", pero nunca es lo bastante paciente para esperar la respuesta de Dios. Podemos ver evidencias de Dios en la belleza constante de la naturaleza, el testimonio de la conciencia y la Biblia.

No cabe duda de que el hombre está impulsado por una fuerza: una fuerza opuesta, inquebrantable, desesperada y colérica, una fuerza que Dios ha identificado para nosotros y para nosotros. Esta fuerza mortal se da cuenta de que Dios no puede hacer que el hombre crea en Él como su gobernante, por lo que hace que el hombre dude del Dios verdadero mediante el engaño. Este es el arte del engaño, y siempre hay suficientes hombres que muerden el anzuelo.

Mi estudio de la profecía hace que este engaño llegue a su máxima realización cuando analizo la historia de los judíos, los antiguos hebreos y los israelitas actuales, todos ellos el pueblo elegido de Dios. Sin lugar a dudas, su historia es la más gloriosa y, a la vez, la más dolorosa de todos los pueblos que conozco. He sido testigo de estas personas, pero sólo porque han sido ordenadas por Dios para desafiar a esta fuerza maligna, y aunque le han fallado a Dios en algunos aspectos, han ayudado a salvar a la humanidad. El nacimiento problemático de Isaac por Abraham y Sara simboliza esta resistencia a los asuntos terrenales. Dios tocó la semilla de Isaac y le ordenó que fuera por siempre una resistencia, una señal y evidencia del verdadero Creador y que reflejara las limitaciones del Principio de la Ley y salvara al hombre.

El estudio del judío que soporta una persecución constante a un nivel insuperable y, en muchos casos, insondable, revelará incluso al observador casual esta fuerza en su forma más potente. Dios ha utilizado al judío para mostrar al mundo que hay una fuerza opositora que no es otra que Satanás que intenta desesperadamente superar a Dios exterminando a los judíos.

El judío es un pueblo cuya presencia siempre ha sido tratada con cierto desdén. En la historia antigua, aparecen como la única pieza central del Dios viviente. Por su asombrosa creencia en un solo Dios en la antigüedad, vemos a los dioses de otras naciones, como los creados por los romanos, los griegos, los babilonios, etc., como la imaginación del hombre dictada por Satanás. Estos otros dioses eran muy reales para los hombres de aquellos días. Lucharon y murieron por ellos e incluso sacrificaron a sus mujeres e hijas con la esperanza de complacer a estos seres imaginarios. En realidad, nunca existieron. Lamentablemente, hasta el día de hoy se les da más cabida en las escuelas e instituciones de educación superior que al verdadero Dios viviente en la actualidad. Todos los niños aprenderán acerca de Zeus, bajo el disfraz de la mitología, que en muchos casos tiene la audacia de incluir a Jehová.

Es extremadamente importante hacer notar que, después de la resurrección de Jesucristo, incluso los romanos que ayudaron a su crucifixión instituyeron el cristianismo en su reino como su religión.

Dios había mostrado efectivamente al hombre que Él era, lo que Él es y lo que Él será por siempre. La conclusión de todo esto es que esta revelación al hombre acerca de este Ser Supremo se produjo a expensas del judío.

Desde Abraham hasta Jesús, un período de 1.700 años, el plan magistral de Dios fue salvar al hombre para un día mejor, por así decirlo. A través de la profecía, vi que nada de esto fue por accidente. Porque Jesús mismo fue profetizado por Moisés casi mil años antes de su primera venida. Y también lo fueron las treinta piezas de plata por las que fue vendido. Y también lo fue la tumba del alfarero. Y también lo fue su ropa que echaron a la suerte. Y también lo fue su perseguidor, su propio pueblo judío. Nada de esto fue una sorpresa para Dios mismo. Porque por diseño, el judío nos ha mostrado el reino de Dios, y ese diseño es un plano de Dios, no orquestado por el capricho del hombre.

¿Qué habría sucedido si Jesús hubiera vivido hasta la madura edad de cien años, hubiera muerto por causas naturales, hubiera sido enterrado y luego hubiera resucitado? Te lo diré: habría pasado desapercibido. Por grandiosa que haya sido la resurrección de Lázaro, semejante acto simplemente palidece en comparación con la crucifixión de Jesús y su resurrección de una tumba custodiada por los romanos y bloqueada por una enorme losa de piedra mientras el mundo observaba. La determinación de Satanás de impedir tal resurrección ayudó al propósito de Dios de revelar al hombre un mundo espiritual más allá de lo que vemos, saboreamos, olemos y oímos.

Cada parte de la vida y la muerte de Jesús fue profetizada. Pero ¿en qué se equivocaron los judíos como pueblo? La mayoría de nosotros sabemos que Jesús fue predicho en dos formas: una como un Mesías que sufriría y la otra como un Rey reinante y glorioso. Los judíos, "como nación", nunca podrían entender esta doble referencia. Cualquiera en su mente humana, judío o gentil, querría ser salvado por un hombre de fuerza, no por un Mesías sufriente. No sería tan confuso si tomaran a los profetas literalmente, aceptaran ambos, y no preferir uno sobre el otro. Este es un caso clásico del punto de vista humano versus el punto de vista de Dios. Los judíos solo pensaban en salvarse a sí mismos para el reino de Dios. Por otro lado,

Dios estaba planeando salvar a toda la humanidad, judíos y gentiles por igual. Debemos entender que "como nación", cualquier grupo de personas habría cometido el mismo error después de esperar casi mil años para ser salvado.

Como se profetizó, la ciudad de Jerusalén y su santo templo y los ciudadanos judíos fueron oficialmente destruidos y dispersados respectivamente en el año 70 d.C. Fue una dispersión y persecución mundial, pero tuvo una tasa de supervivencia mundial. Pensé que los africanos lo habían pasado mal con la colonización y la esclavitud económica. Casi lloré por ellos después de estudiar su historia y reconocer a su perseguidor. Pero el 14 de mayo de 1948, la nación de Israel fue restaurada, y está profetizado que nunca la perderán. Viaja conmigo a través de este acontecimiento fenomenal. Este pueblo no tuvo tierra propia desde el año 70 d.C. hasta 1948, un total de 1.878 años. Piensa en cómo era el mundo en aquel entonces comparado con el de ahora. El pueblo judío era una minoría dondequiera que iba. Tenían que lidiar con diferentes idiomas, culturas y entornos. Nunca perdieron su identidad de "enviados por Dios", y no solo regresaron como nación, sino que obtuvieron la misma propiedad inmobiliaria estratégicamente ubicada y de suma importancia llamada la Tierra Prometida.

Una vez que me maravillé ante esto y lo acepté como un hecho bíblico literal, perdí mi identidad como africano y me vi como gentil, como en los días de otro tiempo. Porque sabía que el pueblo elegido de Dios había regresado, y según la profecía, no es casualidad. Durante mi estudio sobre la profecía bíblica, descubrí que la voluntad de Dios se cumple tal como está escrita, pero desafortunadamente, debido al valle del tiempo, la impaciencia del hombre lo racionaliza para tratar la voluntad de Dios simbólicamente. Esto puede crear un error muy grave en la interpretación de la Palabra de Dios.

Para demostrar lo literal que puede ser Dios, escuchemos cómo ordenó la nación de Israel el 2 de noviembre de 1917. En esa fecha se emitió la Declaración Balfour, que certificaba el apoyo del gobierno británico al "establecimiento en Palestina de un hogar nacional para el pueblo judío". Esta declaración contaba con el apoyo de los Estados Unidos y era básicamente un acuerdo de asentamiento.

En ese momento, la zona estaba ocupada por los turcos y su aliado alemán, que podrían resistirse a tal acto. El general británico Allenby estaba preocupado: "¿Deberían bombardear la ciudad y arriesgarse a dañar los lugares sagrados?". Hizo de ello una cuestión de oración y se le ocurrió una idea poco convencional. Ordenó que los pilotos lanzaran folletos sobre la ciudad para instar a una rendición pacífica. Los ocupantes evacuaron la ciudad el 9 de diciembre de 1917, sin que se disparara un solo tiro. Los turcos habían ocupado la zona durante más de cuatrocientos años y no ofrecieron resistencia alguna. Isaías profetizó hace 2.500 años: "Como las aves que vuelan, así amparará Jehová de los ejércitos a Jerusalén, amparando, librando, preservando y salvando." (Isaías 31:5). Así, como pájaros planeadores, los pequeños biplanos fueron utilizados por el Señor para defender Jerusalén. De hecho, fue protegida, rescatada y salvada. A la sensación de misterio y a la evidencia de que la mano de Dios guiaba los acontecimientos se sumó el lema de la 14ª Escuadrilla de Bombarderos, cuyos aviones se utilizaron para lanzar esos panfletos: "Extiendo mis alas y cumplo mi promesa".

El 14 de mayo de 1948, la nación de Israel fue reconocida oficialmente en todo el mundo. El momento de esta restauración, visto objetivamente, es de lo más curioso. Durante los primeros años de la década de 1940, la humanidad demostró a Dios dos acontecimientos que superaron todas las atrocidades anteriores del hombre. Un acontecimiento fue el antisemitismo de una nación, llevado a cabo por Alemania y conocido como el mayor Holocausto de toda la historia. El segundo acontecimiento fue el uso de la fuerza nuclear por parte de Estados Unidos sobre las ciudades japonesas de Nagasaki e Hiroshima. Ambos acontecimientos demostraron que, con el tiempo, el hombre puede destruirse a sí mismo.

Un poco más de historia se refiere a la ciudad de Jerusalén. La ciudad fue una provincia dividida hasta la guerra árabe-israelí de los Seis Días de 1967. Los judíos estaban en inferioridad numérica y de armamento, pero milagrosamente capturaron la ciudad y mantuvieron el control militar sobre ella. Sin embargo, debido a la gran importancia de Jerusalén como ciudad santa para el islam, para el cristianismo y para el judaísmo, los judíos no tenían el control político. Las restricciones mundiales orquestaron esta limitación. Pero Dios prevaleció a pesar de todo, y durante la semana del 23 de abril de 1990, los judíos tomaron el control total y pudieron anunciar Jerusalén como su capital de estado con suficiente apoyo de las Naciones Unidas. Y así se completó la "preparación" para el comienzo de la Septuagésima Semana de Daniel (Daniel 9:27).

Para terminar, el estudio de la Palabra Profética de Dios revela que este Hombre, cegado por su propia justicia, no ve la justicia de Dios, y la iglesia cristiana no es una excepción. El renacimiento de Israel no es mi palabra sino la de Dios. Está en todo el Antiguo Testamento y señalado en el "Valle de los Huesos Secos" en Ezequiel 37. En Romanos 11, en la "Parábola del Olivo", llamada pacto por Dios, mantiene viva su realidad, y el Libro del Apocalipsis exige un evangelio judío durante el período de la tribulación (Apocalipsis 7:1-8). Estén advertidos de que, a medida que aumente el antisemitismo, más evidente será la presencia de Dios. A la firma del pacto (nuestro término moderno: tratado de paz), comienza la Septuagésima Semana de Daniel, y en ese momento del plan de Dios, todos serán gentiles excepto el judío.

La paradoja final es esta: "¿Cometerán los gentiles el mismo error contra el pueblo elegido de Dios (Armagedón) que cometieron los judíos contra su propio Mesías?".

Dios declara: "Se enviarán delirios" (2 Tesalonicenses 2:10-12).

Estoy empezando a entender Sus palabras como Él las declara. Si el judío, puede ser probado y perseguido tan minuciosamente por tratar de agradar a Dios a través de la Ley y sin embargo Él usa su error para ofrecer salvación a todos los gentiles e incluso a mí, ¿qué derecho tiene el gentil a no ser probado?

Con esta revelación final, sé que he encontrado la verdad. Sólo pretendo compartir este momento de iluminación espiritual en beneficio de los demás. Hay una voz en mi mente que dice: "Díselo a la gente. Díselo a la gente. Díselo a tu gente". Amén.

Gregory A. Booker

4

PD— ¿Entonces QUÉ ES LA IGLESIA de Cristo durante la Septuagésima Semana de Daniel (una semana equivale a siete años)?

¿Chocará el Antiguo Testamento con el Nuevo Testamento? ¿Estará la 'Iglesia de Cristo' sujeta a la ira del Señor "en aquel día"? Te ofrezco una palabra de consuelo de 1 Tesalonicenses 4:15-18.

> "Por lo cual os decimos esto en palabra del Señor: que nosotros que vivimos, que habremos quedado hasta la venida del Señor, no precederemos a los que durmieron. Porque el Señor mismo con voz de mando, con voz de arcángel, y con trompeta de Dios, descenderá del cielo; y los muertos en Cristo resucitarán primero. Luego nosotros los que vivimos, los que hayamos quedado, seremos arrebatados juntamente con ellos en las nubes para recibir al Señor en el aire, y así estaremos siempre con el Señor. Por tanto, alentaos los unos a los otros con estas palabras."

Gracias por tu tiempo. Sólo pretendo plantar una semilla de preocupación, con el debido respeto a su ministerio. Todas estas cosas que he mencionado son un requisito previo para la segunda venida de Jesucristo, nuestro Señor y Salvador, y la bendición final para el remanente de Israel a través de los siglos.

CARTA II

Inspirada el 22 de noviembre de 1990

La Profecía está Viva y Bien, e Israel es la Clave

LOS SIGUIENTES PUNTOS DESTACADOS son de Romanos 11, también conocido como "La Parábola del Olivo".

- ¿Israel ha sido desechado para siempre? Dios no lo quiera.
- Dios conocía de antemano el error de Israel.
- El cristianismo es "contrario a la naturaleza".
- Se advierte a los cristianos que no sean vanidosos ni jactanciosos.
- Dios revela "hasta que entre la plenitud de los gentiles", lo que implica un período de terminación.
- Y así Israel será salvo.

Israel es la raíz. El cristianismo son las ramas. (Nota: Muchas otras religiones también han crecido como ramas de la raíz al condenar a los judíos por su error. La más notable es el Islam.) Para Israel, la esperanza es eterna. Y sus bendiciones finales serán mayores para toda la humanidad.

Conclusión: La humanidad, esté prevenida.

La gracia de Dios sobre los gentiles existe solo mientras Israel no exista. Israel fue restaurada como nación el 14 de mayo de 1948. Esos dos hechos son, de hecho, mutuamente excluyentes. Dios no favorecerá tanto a judíos como a gentiles al mismo tiempo debido a la contradicción espiritual que refleja la profecía. Primera y Segunda

Epístolas a los Tesalonicenses detallan un acontecimiento conocido como el rapto. Primera de Corintios 15:51-58 respalda aún más tal suceso. El significado de una "desaparición repentina de los creyentes en Cristo" es cerrar oficialmente el ministerio de Cristo en la Tierra para que Dios pueda continuar con el cumplimiento de la redención de Israel a través del arrepentimiento y, en última instancia, que Israel llame a su Mesías por desesperación. Este llamado es un requisito técnico que Israel aún debe cumplir para traer el regreso literal de Cristo.

Con la restauración de Israel, el potencial de que la Palabra de Dios se cumpla sin que el mundo lo sepa, incluidos los líderes religiosos moralistas, se está volviendo demasiado claro. También se profetizó que Israel tomaría posesión de Jerusalén una vez más. En medio de una gran oposición mundial, los judíos pudieron recuperar el control y llamarla su capital en abril de 1990. Incluso para el observador más novato, el regreso de Israel como nación después de aproximadamente dos mil años de inexistencia es simplemente milagroso. Sin embargo, yo le doy crédito a Dios y solo a Dios, ya que Él lo reveló en la Biblia hace más de 2.500 años y lo reafirma profundamente a lo largo del Nuevo Testamento. Consideremos también el hecho de que se trata de el mismo, el más importante y estratégicamente ubicado terreno llamado la Tierra Prometida. ¿Coincidencia?

Permítanme decir esto—el Espíritu Santo realmente me ha hablado revelándome lo que está por venir. Pero es solo porque dejé en claro en mis oraciones a Dios que quería la verdad sin importar cuán difícil pueda ser creerla. Y esa verdad me fue dada. Estudié mucho y con ahínco para entender objetivamente la necesidad del regreso del pueblo elegido de Dios. Ahora sé que, desde la perspectiva de Dios, me atrevo a decir que las promesas tan esperadas hechas a los muchos siervos de Dios de parte de la nación de Israel son legítimas. Considera la raíz de la parábola del olivo. Y considera esto—todos los hombres corren el riesgo de estar en error contra Israel y, en última instancia, contra Dios mismo si desconocen la verdad.

La paradoja final mencionada en mi primera carta fue: "¿Cometerán los gentiles el mismo error contra el pueblo escogido de Dios (Armagedón) que cometieron los judíos contra su propio

Mesías?" La respuesta es un rotundo "¡Sí!" Esta paradoja explica por qué se escribe el Libro de Apocalipsis y por qué la batalla de Armagedón se cumplirá en verdad en el Valle de Josafat, justo en las afueras de la Ciudad Santísima de la Tierra—Jerusalén.

Estén advertidos de que Dios dice: "Se enviarán engaños" (2 Tesalonicenses 2:9-11). Esta advertencia significa que, sin el conocimiento de la verdad, nuestras actitudes liberales acerca de Dios se vuelven farisaicas y sospechosas si se abandona la Palabra literal de Dios. A medida que los "engaños" desafían la creencia del hombre en las cosas de Dios, ocurre un fenómeno interesante. Las diferentes "creencias liberales" del hombre están comenzando a formar un pensamiento universal que está en conflicto con la verdad misma. Los engaños de Dios son las herramientas que realmente comienzan el proceso de separar el trigo de la cizaña. Estén advertidos.

Para que puedan conocer la verdad del Señor, les pido que revisen ciertas secciones bíblicas proféticas de la Biblia para su propio enriquecimiento en relación con lo que el mundo está atravesando en estos tiempos tan difíciles. Las siguientes son las más profundas:

MATEO 24 (Hablado aproximadamente en el año 30 d.C.)

Jesús predice las señales de Su venida y cómo coincide con el fin del mundo. El versículo clave es el versículo 15 que se refiere al Libro de Daniel.

DANIEL 9:22–27 (Escrito en el año 535 a. C.)

Mateo 24:15 cita el versículo 27 de Daniel 9. Esta semana no cumplida (una semana equivale a siete años) se conoce como la Septuagésima Semana de Daniel. Todos los eruditos reconocen esta semana como literalmente única para Israel. Observa que se hará un pacto con otra persona por el período de siete años. Les pregunto esto: "¿Qué es lo que el mundo insiste en que haga Israel?" ¿No es que acepte conformarse con la paz? El sinónimo moderno de "pacto" es, en efecto, tratado de paz. ¡Potencial! El versículo clave es el 27.

APOCALIPSIS 11:2 Y 13:5 (Escrito aproximadamente en el año 96 d.C.)

Apocalipsis es el único libro de la Biblia que se mide por el tiempo. Presta atención a la mención de cuarenta y dos meses y otros cuarenta y dos meses de gobierno de "el que ha de continuar". Ochenta y cuatro meses divididos por doce es igual a siete años. Esto concluye que, cuando Israel y alguien más firmen un acuerdo de paz, al hombre le quedan siete años de este mundo tal como lo conocemos antes de la segunda venida de Cristo. Apocalipsis es también el tiempo al que se refiere Mateo 24 y la Septuagésima Semana de Daniel. Escrito aprox. 96 AD)

EZEQUIEL 34, 36, Y 37 (Escrito aprox. 580 AC)

Estos capítulos son la evidencia más clara y definitiva de la repoblación del Israel moderno, comúnmente conocido como el "Valle de los Huesos Secos".

EZEQUIEL 35, 38, Y 39 (Escritos aprox. 580 a.C.)

Estos capítulos abarcan el tipo y el carácter de los pueblos y naciones que rodearán a Israel en su renacimiento. El monte Seir (edomitas) es la ubicación de los países árabes. Observa en las palabras "odio perpetuo". Cuán ciertas son esas palabras hoy en día. También, la Tierra de Gog es la Unión Soviética (también conocida como "tierra del extremo norte") y sus repúblicas. Incluso bastantes naciones africanas han sido respaldadas por la retórica antisemita. Lo más obvio es que todas ellas son altamente antisemitas. Estas batallas bíblicas no se han cumplido hasta la fecha, pero ¿no tienen un tremendo potencial para llevarse a cabo?

2 TIMOTEO 3 Y 4; 2 PEDRO 3:1–8; 2 PEDRO 2:1–2, 2 TESALONICENSES 2:3, 9–12; Y ROMANOS 1

En estos pasajes se ilustra el carácter inmoral y desviado del hombre en los últimos días. Dios conoce Su creación y las señales de una Iglesia Apóstata de incredulidad en Dios como Él ha sido conocido.

El hombre de hoy es demasiado "moderno" para considerar que las palabras antiguas tienen algún significado para los eventos actuales. Pero recuerda esto, Jesucristo es el único Mesías que Dios aprobó para el hombre con el fin de estar algún día en el reino eterno de Dios. El hombre se está cansando de la fe y sólo de la fe en Dios ya que el hombre lleva dos mil años esperando. Hay muchos más versículos bíblicos que reiteran todo lo que se te ha dicho. Estén prevenidos de que el antisemitismo que está en aumento en todo el mundo es la herramienta del adversario de Dios, Satanás.

A menudo he hecho la pregunta: "¿Por qué la nación de Israel no ha recibido gloria por su sangre, sudor y lágrimas inspirados por su relación con Dios, y, sin embargo, por su error, nosotros, "los gentiles", fuimos salvados sin ser puestos a prueba como ellos?" Esto es lo que el Espíritu Santo me ha permitido ver, pero sólo porque hice la pregunta.

Ahora sé que la justicia de Dios es pura y exacta. Hay de hecho una batalla espiritual en medio. ¿Quién se resistiría más que nadie a la segunda venida de Cristo? Nadie más que Satanás que puede trabajar su engaño en cualquier persona que no es consciente de la verdad de Dios mismo. Glorifico en la magnificencia de tal Dios que es dueño de nuestras almas y ofrece vida eterna a todos los que vencen y aceptan a su Hijo unigénito como nuestro Señor y Salvador Jesucristo, el Mesías. Que su expiación por nuestros pecados no sea en vano.

Para terminar, el estudio de la Palabra Profética de Dios revela que este hombre, cegado por su propia justicia, no ve la justicia de Dios. Hay una voz en mi mente que dice: "Dile a la gente. Díselo a la gente. Díselo a tu pueblo". Amén. (Juan 16:13 y 2 Pedro 1:18-21)

Gregory A. Booker

PD—SI TÚ HACES LA PREGUNTA, nunca recibirás la respuesta, y la respuesta es tan buena como la pregunta que haces. Yo te he dado una respuesta, aunque tú no me has hecho ninguna pregunta. Sólo pretendo plantar una semilla de inquietud. Gracias a ti.

Perspicacia Espiritual: La esperanza de Israel está en la parábola del olivo. Que esto sea sabiduría—

- Está muy claro que el Estado de Israel y su posesión de la Ciudad Santa de Jerusalén es un requisito bíblico que excluye el Libro de Apocalipsis.
- Está muy claro que la firma de un pacto con Israel identificará al Anticristo (líder de una Confederación de Diez Naciones) y al Falso Profeta (líder de Israel). Además, representa los siete años finales de esta era actual conocida como la Era de la Iglesia. El Libro de las Apocalipsis se abre oficialmente con la firma del pacto. Al final del período de siete años, se realizará el Día de la Redención para Israel, marcando el comienzo del reino milenial para todos los demás creyentes en el único Dios Verdadero y Su Hijo, Jesucristo. Así, está escrito en 1 Tesalonicenses 5:1-6: "Pero acerca de los tiempos y de las ocasiones, no tenéis necesidad, hermanos, de que yo os escriba. Porque vosotros sabéis perfectamente que el día del Señor vendrá así como ladrón en la noche; que cuando digan: Paz y seguridad, entonces vendrá sobre ellos destrucción repentina, como los dolores a la mujer encinta, y no escaparán. Mas vosotros, hermanos, no estáis en tinieblas, para que aquel día os sorprenda como ladrón. Porque todos vosotros sois hijos de luz e hijos del día; no somos de la noche ni de las tinieblas. Por tanto, no durmamos como los demás, sino velemos y seamos sobrios.". Y este es el reino que ha de venir. "Enjugará Dios toda lágrima de los ojos de ellos; y ya no habrá muerte, ni habrá más llanto, ni clamor, ni dolor; porque las primeras cosas pasaron. Y el que estaba sentado en el trono dijo: He aquí, yo hago nuevas todas las cosas. Y me dijo: Escribe; porque estas palabras son fieles y verdaderas." (Apocalipsis 21:4-5).
- Precaución: Porque el error gentil será "Tus obras sustentarán la fe, pero ¿fe en qué? Porque no puede ser oscurecida sin la verdad como su mentora y la gracia como su don

final". Recuerda, ¿no tenían los judíos toda la fe del mundo con respecto a la primera venida de Jesús y, sin embargo, lo persiguieron? Porque por la Ley buscaron alcanzar la gracia y fracasaron. Entonces, ¿no está el gentil lleno de fe y, si no es cuidadoso, usa sus obras para justificar la recepción de la gracia de Dios? La palabra final es que la gracia se da, no se gana, y se da por permiso, no se debe a través de las obras.

• Al igual que la primera venida de Jesús—pobre y vestido de cilicio—los judíos estaban tan engañados, excepto por un remanente. Así los gentiles serán engañados por la "falsa persona" de la nación de Israel. Ellos se encargarán de destruir al pueblo escogido de Dios, excepto un remanente—los arrebatados (la Iglesia de Cristo) y los probados (los santos de la tribulación). Y así Israel se arrepentirá por desesperación y no tendrá a dónde ir más que a Jesús, e Israel será salvo y también lo será el hombre. *¡Como el judío, así es el gentil!*

ESCRITOS INSPIRADOS

Y CAMINAN CON LA CABEZA GACHA
Una Visión de la Cruz

ASÍ QUE VAMOS, TODOS nosotros caminando por la vida, con pies lentos y nuestro paso guiado, pero sin saber hacia dónde. Con la cabeza gacha. Todos con la cabeza gacha. Millones y millones, caminando a paso lento pero firme. Por alguna razón desconocida, muchos tienen miedo de mirar hacia arriba, pero miran a algo, aunque sólo sea para caminar a su alrededor, no sea que se tropiecen con el obstáculo.

El caminar de la humanidad es el miedo en Adán. "Oí la voz del Señor en el jardín, y tuve miedo porque estaba desnudo, y me escondí". Y el Señor dijo: "¿Quién te dijo que estabas desnudo?".

Adán nunca respondió a la pregunta de quién le había dicho que estaba desnudo. Parecía demasiado ansioso por culpar a alguien, cuando lo que se necesitaba era admitir la culpa. Sí, este es el camino de la humanidad. En el jardín, el obstáculo era la voz del Señor, pero en la colina del Calvario, el obstáculo no es otro que la cruz. Y toda la humanidad recorre el camino de la vida con este obstáculo en su camino. Esta es mi visión en la cruz.

La humanidad recorre el camino que conduce finalmente a la colina del Calvario. Dios ha predestinado al hombre a recorrer este camino, pero el hombre decide si lo recorre mirando hacia arriba, mirando a la cruz, o ni siquiera mirando. Yo recorrí tal camino, pero ahora se me ha dado una visión. La cruz está en la cima de la colina, inamovible por el tiempo, y nadie puede quitarla, aunque lo intenten. Así que las cabezas están agachadas y las almas están escondidas mientras caminan por la senda que está trazada ante ellos. Cada hombre siente que hay algo en la senda de su camino. La mayoría se limitará a seguir el camino que otros recorren a su lado. Buscando no cuestionar, no reciben respuestas.

Al acercarse a la cruz, la mayoría la rodea sin levantar la vista, y mucho menos mirarla. Cuando vuelven a juntarse después de haberse separado por la presencia de la cruz en medio de la colina, miran hacia atrás para ver por qué se separaron. Y cuando levantan la vista hacia la parte posterior de la cruz, ¡no ven a nadie! Creyéndose más sabios, caminan en su orgullo, sin avergonzarse de sus pecados. Como no ven a Cristo en la cruz, no ven necesidad de salvación. Es el tiempo que eligen para mirar hacia arriba lo que los ciega. ¡Esto es religión!

Y luego están los que miran a la cruz, sin mirar a Cristo. Ven la estaca en el camino y se apoyan en ella para descansar. Encuentran que la estaca es reconfortante, y levantan las manos, asimilando la postura de Aquel que está por encima de ellos. De este modo, se convierten en una distracción al paso de multitudes y multitudes. Atraen a muchos que se detienen para calmar sus cabezas inclinadas y no esconderse con los ojos cerrados. Admiten que Alguien está clavado en la cruz. "Mejor Él que yo", es lo que dicen. Estando en la base de la cruz, no tienen necesidad de levantar su cruz y negarse a sí mismos, porque están demasiado ocupados atrayendo a otros a su base. No hay necesidad de subir cuando podemos quedarnos abajo. El Espíritu los reconoce como la institución del cristianismo. Tienen el conocimiento de la Palabra, pero no entregan su corazón a Cristo.

Y luego están los que, mientras caminan entre la multitud, mientras están al pie de la cruz, por alguna razón desconocida, miran hacia arriba, contemplando asombrados al hombre desfigurado y ensangrentado clavado en la cruz. Buscan en la cruz todo su propósito, pero más significativamente, reaccionan a su error, porque Él fue encontrado sin Pecado en Su cuerpo e indigno de la muerte que el hombre puso sobre Él. Así somos hallados culpables de lo que ya éramos... ¡pecadores! Estos, no se esconden más de la voz que representa la cruz. Caen de rodillas, reconociendo que deben ser clavados en la cruz, y en ella se encuentra la gracia de Dios, y así se arrepienten.

El Espíritu de la cruz me levanta entonces y me pone fuera de las multitudes y al margen de todo. Con los ojos abiertos y la cabeza erguida, se me pide que haga señas a la multitud para que "mire hacia arriba... ¡Mire hacia arriba!". Pero muy pocos lo hacen, pues caminan con la cabeza gacha. Para llevar tu cruz, ¡debes estar dispuesto a que te pongan sobre ella! Esta es la victoria, y esta es la visión para la que fui hecho, ¡y estos que están al margen son los sellados!

CARTA III

Inspirada en la primera semana de abril de 1991

La Paradoja de la Septuagésima Semana de Daniel

DESPUÉS DE QUE EL ÁNGEL DEL Señor revelara al profeta Daniel el destino de la humanidad y de Israel en particular, Daniel reflexiona sobre su consternación al no comprender las revelaciones de Dios. En Daniel 12, el ángel ordena a Daniel: "Cierra las palabras y sella el libro" y "Vete, Daniel, porque las palabras están cerradas y selladas hasta el tiempo del fin".

Después de que el apóstol Pablo revela, a través del Espíritu Santo, el conocimiento divino sobre la relación entre judíos y gentiles en la parábola del olivo de Romanos 11, Pablo alaba el plan de Dios. En el versículo 33, escribe: "¡Oh profundidad de las riquezas de la sabiduría y de la ciencia de Dios! ¡Cuán insondables son sus juicios e inescrutables sus caminos!".

El libro de Apocalipsis revela que el reino angelical aplaude al Señor y al Cordero (Jesús) por su paciencia y amor sufridos hacia todos los hombres… pero ahora ha llegado el momento. Y Juan, el escritor del libro, es testigo de quién es digno de juzgar a la humanidad. (Puedes verlo en Apocalipsis 4 y 5.)

Entonces, cuando llegue el momento, ¿quién será digno de juzgar y cuál es el criterio para tal dignidad? El libro de Apocalipsis da el honor y la gloria de tal dignidad a Jesucristo. ¿Por qué? La respuesta es sencilla: ¡se lo ganó! ¿Podemos decir que sólo ha habido un individuo que fue crucificado injustamente y sin misericordia, pero que no cometió un solo pecado? El Dios verdadero afirma que la pena por el pecado es la muerte. Jesús, por lo tanto, no merecía morir. Esta es la razón por la que Jesús resucitó y la razón por la que Él y sólo Él es digno de juzgar y derrotar a su verdadero adversario, Satanás, y desafortunadamente, al hombre en su incredulidad. Esta es la pieza central de la verdad.

Conozcamos ahora el veredicto del Señor. Es mejor que abra esta revelación sobre el futuro reflexionando sobre el pasado. Porque se entiende que, si uno ha de determinar la exactitud de la profecía, el hombre moderno puede hacerlo quizás mejor que cualquier otra generación. He descubierto que la Palabra profética de Dios no tiene error. Si bien predecir cuándo ocurrirán los eventos es la definición popular, de ninguna manera es la más significativa. El propósito mayor de la profecía es interpretar los resultados de los eventos clave de acuerdo con la voluntad divina, con mucho la tarea más difícil de realizar. Hay dos hechos históricos que deben ser llevados al primer plano y que reconozco como fundamentales para comprender la verdad. Antes de abordar el tema principal, recomiendo a todos que consideren lo que debería ser obvio, pero no lo es, en relación con las siguientes dos observaciones clave.

LA CARGA JUDÍA

"Reuniré a los fastidiados por causa del largo tiempo; tuyos fueron, para quienes el oprobio de ella era una carga." (Sofonías 3:18)

"La ira de Jehová soportaré, porque pequé contra él, hasta que juzgue mi causa y haga mi justicia; él me sacará a luz; veré su justicia. (Miqueas 7:9)

"Y sucederá que como fuisteis maldición entre las naciones, oh casa de Judá y casa de Israel, así os salvaré y seréis bendición. No temáis, más esfuércense vuestras manos." (Zacarías 8:13).

Y está escrito en el Nuevo Testamento en Romanos 11:11— "Digo, pues: ¿Han tropezado los de

Israel para que cayesen? En ninguna manera; pero por su transgresión vino la salvación a los gentiles, para provocarles a celos."

Pregunto a todos— ¿Quiénes son los escritores de la Biblia? ¿No son los judíos?

Pregunto a todos— ¿De qué experiencias dependen las iglesias cristianas? ¿No son los personajes bíblicos y también son judíos?

Pregunto a todos— ¿De quiénes se han utilizado los errores para nuestro beneficio? ¿No son los de Israel?

Y una observación final—¿Quién tuvo la responsabilidad de medirse con los estándares de Dios y documentar los resultados sin prejuicios para que todo el mundo los viera mientras los gentiles continuaban en sus pecados? ¡Ninguno menos que los judíos por elección de Dios mismo!

Debe quedar claro lo que se está enfatizando. Cada domingo, las iglesias cristianas dependen de la relación judía con Dios para comprender cómo todos los hombres deben relacionarse con Él. Es un honor bendito para el pueblo judío, pero Dios sabía que también crearía una maldición especial sobre ellos. Y así ha sido, como lo revela la historia (observa cómo la verdad se demuestra proféticamente).

Por orden de Dios, los judíos han dado la Biblia a los gentiles. ¿Qué han dado los gentiles a cambio? Esa es la pregunta sin una respuesta real. Por lo tanto, nadie en este planeta debería tener prejuicios contra los judíos. Sin embargo, incluso en las iglesias cristianas, el antisemitismo está presente. Un ejemplo de ello es— por muy diferente que sea la Iglesia Católica Romana del Islam, ¿adivina en qué están de acuerdo? ¡Ninguna reconoce los derechos del sionismo judío! Y aunque tienen diferentes razones, es la misma conclusión la que es alarmante.

Ahora entiendo por qué Dios nos habló de Israel en el Pacto Abrahámico en Génesis 12:3— "Bendeciré a los que te bendijeren, y a los que te maldijeren maldeciré; y serán benditas en ti todas las familias de la tierra.".

El evangelio de Cristo ha llegado a todo el mundo para incluir a hombres y mujeres, una prueba de que la Palabra profética de Dios prueba Su realidad. La historia apoya este fenómeno. Sus contribuciones han ayudado a Dios a revelar al hombre todo lo que sabemos del Dios Verdadero, sin que ellos mismos lo sepan. Como cristianos, reconozcamos y aceptemos al pueblo elegido de Dios que ha sido cargado por la obra necesaria del Señor. Su carga ha sido nuestra ganancia. Este hecho en realidad prueba más allá de toda duda que hay un Ser Supremo eterno muy real y muy asombroso entre nosotros... ¡Amén!

Debemos entender el renacimiento de Israel en mayo de 1948 y el éxodo continuo de los judíos de todo el mundo como una preparación para su bendición final. También debemos entender por qué han sido acusados falsamente. No dudaré en decir que este engaño podría tener origen satánico, y por eso prevengo a todos. Aquí es donde el Espíritu de Verdad revela un secreto muy oscuro. Satanás, a través de la debilidad de los hombres, ha buscado continuamente invalidar la Palabra profética de Dios al intentar destruir a los judíos. Si un hombre no tiene amor por su prójimo, no tiene amor por la verdad. Y no importa qué fe tenga, está en peligro de estar en un error cuando la verdad es demostrada por Dios mismo. La carga judía es muy real; por lo tanto, sé que su bendición también lo será. ¡Primero los judíos y luego los gentiles!

La envidia no tiene lugar aquí.

DEFINICIÓN DE PARADOJA

ES MUY IMPORTANTE QUE se entienda el significado de "paradoja". Webster la define como "Una proposición contraria a la opinión recibida; también una afirmación aparentemente contradictoria u opuesta al sentido común pero que, sin embargo, puede ser verdadera en los hechos".

La palabra "paradoja" tiene la aplicación perfecta para la primera venida de Cristo, cuando los judíos se negaron a creer que Él era su Mesías enviado por Dios. ¿Cometerán los gentiles el mismo error, al no reconocer la segunda venida de Cristo y confiar en su propia sabiduría? ¿Y sería justo poner a prueba al judío y no también al gentil? Está escrito que Dios conoció de antemano el error de los judíos. Por lo tanto, les aseguro que conoce de antemano el error de los gentiles. Estén advertidos.

¡Oh, la magnificencia del Señor! Él realmente me ha bendecido para "ver" Su Palabra tan claramente. Busqué la verdad, y Él me la ha dado en abundancia. Que ustedes también sean bendecidos por la lectura de estas palabras.

LA SEMANA
COMENCEMOS AHORA un estudio sobre "La Semana", también conocida como el período de la tribulación.

- En los últimos tiempos.
- El día del Señor (a la humanidad)
- El tiempo de angustia de Jacob (a Israel)
- El libro de Apocalipsis (a la Iglesia)

Sin ser demasiado técnico, destacaré lo que es la Septuagésima Semana de Daniel. El capítulo 9 del Libro de Daniel, fechado aproximadamente en el año 530 a. C., refleja a Daniel orando, deseando saber cuáles son los tratos futuros de Dios con Israel. Gabriel, el mensajero, viene a responder su oración, dándole habilidad y entendimiento. El versículo 24 dice: "Setenta semanas están determinadas sobre tu pueblo y sobre tu santa ciudad [Jerusalén]". Estas semanas se basan en la semana sabática judía de años descrita en Levítico 25, donde cada semana equivale a siete años por setenta semanas, lo que equivale a 490 años. Daniel 9:24 continúa revelando el cumplimiento de las condiciones al concluir el período de 490 años de la jurisdicción de Dios. Estas condiciones, tal como se establecen, son:

1. Terminar con la transgresión.
2. Poner fin a los pecados.
3. Expiar la iniquidad.
4. Traer justicia eterna.
5. Sellar la visión y la profecía.
6. Y ungir al Santo de los Santos.

Los versículos 25 y 26 revelan lo que sucederá desde el "mandamiento de restaurar a Jerusalén" hasta el momento en que "se quitará la vida al Mesías". Este lapso de tiempo cubrió exactamente sesenta y nueve semanas o 483 años (según el calendario judío de 360 días por año). El resto del versículo 26 detalla la destrucción del santuario (el Templo judío) que ocurrió en el año 70 d.C. Esto representó el abandono de Dios a su pueblo por el error cometido contra su Mesías.

Los versículos 25 y 26 se cumplieron tal como están escritos. Investigué los acontecimientos en gran detalle para confirmarlo. A veces, las revelaciones de Dios pueden ser muy complejas, pero incluso para la persona menos estudiosa, Él hace que Su plan sea sencillo. Si no entiendes algo de lo que he revelado, vuelve a las condiciones establecidas en el versículo 24 y pregúntate: "¿Se ha cumplido ya alguna de estas condiciones?" Incluso el más simple de mente diría: "¡No! Por supuesto que no, porque hay una 'semana' sin contar". La historia revela la dispersión judía desde el año 70 d.C. hasta 1948 sin ninguna restauración en el medio.

El versículo 27 tiene una semana pendiente que será confirmada por un pacto. En este punto, sabemos que una semana equivale a siete años y que se hará un acuerdo con Israel y alguien más conocido como "él". Considero que el versículo 27 es un versículo técnico porque implica mucho, pero me esforzaré por mantener la sencillez.

Ahora fíjate, el versículo 27 continúa "...a la mitad de la semana hará cesar el sacrificio...". ¿Qué sacrificio? Esta referencia implica mucho más de lo que la persona promedio se da cuenta. Exige que los judíos existan como nación (poseen Jerusalén) para que puedan reconstruir su Templo. Entonces pueden realizar sus sacrificios una vez más ante el Señor. Sin embargo, "él" que firmó el acuerdo (probablemente un tratado de protección) con Israel romperá su acuerdo en el medio (a los tres años y medio). Él parará la adoración judía al señor y se proclamará para ser dios. Él estará de pie en el lugar santo (el Santo de los Santos, sentado sólo en el Templo judío). Esta es la abominación desoladora de la que se habla y el "él" que realiza el acto es el Anticristo.

Permítanme afirmar una vez más que lo que realmente trato de revelar es el potencial de que ocurran acontecimientos clave. Actualmente, hay fuertes corrientes subterráneas para comenzar un intento serio de discutir y lograr la paz con Israel y los árabes. Estoy convencido de que esta "semana" aún no ha comenzado, pero es probable que lo haga dentro de unos años o incluso antes.

El siguiente elemento clave es la cuestión de la determinación de los judíos de volver a construir su templo. Una vez más, subrayo que es la interpretación de los acontecimientos la que es crítica. Por ejemplo, el 9 de octubre de 1990, veinte palestinos fueron asesinados. Un artículo de prensa informaba de que "corría el rumor de que un pequeño grupo de radicales judíos planeaba colocar la primera piedra de un nuevo templo judío en el santuario donde se levanta la mezquita musulmana". Nunca se sabrá si los israelíes hicieron un uso excesivo de la fuerza para defenderse. Sin embargo, el último y único aliado de Israel, Estados Unidos, se vio atrapado en un aprieto político y debilitado por la coalición árabe participante en la Tormenta del Desierto. Entonces Estados Unidos estuvo de acuerdo con la mayoría, condenando a Israel por su "acto de agresión", pasando por alto los reclamos de Israel. Estoy seguro de que la posición de Estados Unidos con Israel se fracturó aún más por la venta de armas a los miembros de la coalición árabe que se oponían a Iraq. Te aseguro que, irónicamente, los árabes están en mejores condiciones colectivamente para desafiar a Israel que antes de la Tormenta del Desierto. Este es sólo uno de los ejemplos de lo complejas y contrarias que son las cosas en realidad.

Para demostrarlo aún más, en Ezequiel 35:1-5, se le dice a Ezequiel que profetice contra el monte Seir. Las Escrituras anteriores lo identifican como la tierra de los edomitas, el antiguo nombre tribal de los árabes modernos. Los versículos 5 y 7 dicen: "Por cuanto has tenido odio perpetuo, y has derramado la sangre de los hijos de Israel a fuerza de espada en el tiempo de su calamidad... Así pondré al monte Seir en la mayor desolación". Este capítulo se encuentra en medio de la información profética que revela el renacimiento de Israel (Ezequiel 34, 36 y 37).

Los informes oficiales afirman que de las aproximadamente veinte naciones árabes, trece de ellas tienen una política de aniquilación contra Israel. Pero a través del profeta Zacarías, está escrito: "He aquí, el día de Jehová viene, y en medio de ti serán repartidos tus despojos. Porque yo reuniré a todas las naciones para combatir contra Jerusalén; y la ciudad será tomada, y serán saqueadas las casas, y violadas las mujeres; y la mitad de la ciudad irá en cautiverio, más el resto del pueblo no será cortado de la ciudad. Después saldrá Jehová y peleará con aquellas naciones, como peleó en el día de la batalla. Y se afirmarán sus pies en aquel día sobre el monte de los Olivos, que está en frente de Jerusalén al oriente; y el monte de los Olivos se partirá por en medio, hacia el oriente y hacia el occidente, haciendo un valle muy grande; y la mitad del monte se apartará hacia el norte, y la otra mitad hacia el sur." (Zacarías 14:1-4).

Con esto no quiero decir que Israel no tenga sus propios defectos. El Señor no favorece la incredulidad ni en judíos ni en gentiles (puedes verlo en Zacarías 13:8-9.). Porque del Señor es verdaderamente la venganza, porque Él pagará (Romanos 12:19). Los "hijos de desobediencia" han sido cegados por el gobernante de este mundo, y Satanás es como un Ángel de Luz y es el padre de todo es mentira. Sí, es triste que exista tanto odio contra una nación como Israel, considerando todas sus contribuciones a la salvación del hombre. Estoy convencido de que solo puede ser un engaño en su máxima expresión orquestado por el adversario de Dios... por un tiempo, solo un poco más de tiempo, y "él" lo sabe.

Jesús hace referencia a "La Semana" en Mateo 24:15. Casi seiscientos años después de los profetas, Él habla directamente sobre su cumplimiento aún pendiente. No ocurrió ningún acto de profanación de ningún tipo en el templo durante la destrucción del templo en el año 70 d.C. por los romanos. Ni se acabó el mundo, ni Cristo regresó, que es la pregunta que Jesús está respondiendo en Mateo 24.

De hecho, si uno analiza a Mateo 24:22, se dará cuenta de que Cristo no viene a destruir el mundo sino a salvarlo— "Y si aquellos días no fuesen acortados, nadie sería salvo; más por causa de los escogidos, aquellos días serán acortados". Él, sin embargo, derrotará a aquellos que resistan Su venida. Es extraño que una oportunidad tan gloriosa para el hombre se pierda para muchos. Les advierto a todos mientras todavía hay tiempo. Porque Jesús dice… "Ya os lo he dicho antes" (Mateo 24:25).

¿Conoceremos ahora el futuro?

La palabra "arrepentimiento" se define como "cambiar la mente o el corazón de uno con respecto a la acción o conducta pasada o prevista debido al arrepentimiento; una solicitud genuina de perdón como resultado de un gran dolor; basado en un reconocimiento de falta o error y deseando el perdón de la transgresión".

LA CONDICIÓN ESPIRITUAL ACTUAL DE ISRAEL

ESTÁ ESCRITO QUE CUANDO Israel sea restaurado, ellos "como nación" todavía estarán en incredulidad con respecto a Jesús. Su ceguera continúa como se profetizó. Y así es… de hecho, los judíos que creen en Cristo (una pequeña minoría) están excluidos de la ciudadanía automática en su propia patria, Israel. Los artículos de noticias revelan que la mayoría de los judíos que están en Israel se llaman a sí mismos judíos humanistas: "Un movimiento internacional en crecimiento donde el deseo es tener un templo con una congregación y un rabino donde nadie cree en Dios". Sin lugar a dudas, están perdidos. Una redención requerida prueba su ceguera. Otra clase de judíos que tienen residencia en Israel, aunque son una minoría, son los judíos ortodoxos. Es el judío ortodoxo que lee al menos los libros del Antiguo Testamento, cumple las leyes mosaicas y continúa esperando a su Mesías, pero rechaza a Jesús. Por lo tanto, ¿podría razonarse que son ellos quienes finalmente se arrepentirán cuando se vean sometidos a la presión del Anticristo? Porque como Jesús advirtió, o podemos decir profetizó, los judíos lo rechazarían.

Jesús, hablando proféticamente, declara en Mateo 23:38-39: "He aquí vuestra casa os es dejada desierta. Porque os digo que desde ahora no me veréis, hasta que digáis: Bendito el que viene en el nombre del Señor.".

¿Podría el rechazo de Israel requerir el arrepentimiento de Israel? ¿Es esto lo que nuestro Señor y Salvador, Jesucristo, espera? ¡Su gracia abunda!

¡Oh… pero *la incredulidad de los judíos en Dios no es sólo entre ellos!*

EL MISTERIO DE LOS GENTILES
Y AQUÍ ESTÁ LA SABIDURÍA—LOS GENTILES PUEDEN identificar fácilmente al judío, pero pocas personas, ya sean blancas, negras, indias, árabes, chinas, rusas, estadounidenses, cubanas o cualquier otra, se "ven" a sí mismas como parte de un solo grupo—¡los gentiles!

¿Me atrevo a decir que esta es la única forma en que Dios nos ve? Siempre lo ha hecho y siempre lo hará. Esta es la barrera que crucé, y escuché a los ángeles aplaudir mi visión de claridad espiritual. Porque son los gentiles, cada uno con su propio orgullo, los que se ciegan a sí mismos. Los "pequeños fariseos" serían la representación perfecta desde el punto de vista de Dios.

Hay tanta división entre los gentiles, incluidos los cristianos, que uno no escucha al otro, incluso si es la verdad. La pregunta "¿Qué es la verdad?" ha sido respondida y probada. Es la incredulidad la que ciega. Porque está escrito en 2 Tesalonicenses 2:3: "Nadie os engañe en ninguna manera; porque no vendrá sin que antes venga la apostasía, y se manifieste el hombre de pecado, el hijo de perdición". Debido al pluralismo religioso entre los gentiles, el campo está maduro para una erosión de los principios bíblicos y una "apostasía" concluyente por parte del cristianismo para que también adopte una forma apóstata de incredulidad.

Y QUE ESTO SEA SABIDURÍA
LA INCREDULIDAD DE LOS GENTILES abrirá los ojos de Israel para que clamen por su Mesías, a quien primero rechazaron, e Israel será salvo. Mientras que la mayoría de los hombres creen en un dios, el Dios Verdadero pide a todos que crean en Su obra, una obra muy real—Jesús. ¿De qué sirve la fe en Dios si ignoras Su Obra Perfecta? ¡Y ahí está el truco! ¿Ves la paradoja?

LA JUSTICIA DEL SEÑOR DEMOSTRADA

LA PALABRA "APOSTASÍA" SE DEFINE COMO "abandono de lo que uno ha profesado voluntariamente; deserción o alejamiento total de la fe, los principios y las creencias de uno; también, alguien que ha abandonado su religión por otra".

La futura religión mundial no es un secreto para muchos cristianos, pero ¿qué forma adoptará? No tengo más que un atisbo de lo que veo formarse en el horizonte. Que te dé una visión y fortalezca tu caminar con Jesús por encima de todo.

Me referiré brevemente a dos acontecimientos: uno que es obvio y otro que no lo es tanto. El primero es la cuestión de permitir que los sacerdotes homosexuales prediquen. A principios de la década de 1990, la Iglesia Católica Romana cedió a las crecientes presiones de la opción humanista. Una declaración de los dirigentes permitió el ministerio gay si la congregación votaba su aprobación. Incluso en la rama protestante se está estudiando la cuestión. Las últimas noticias revelan que las denominaciones de la iglesia episcopal y presbiteriana debatirán sus razones este verano. No debería ser un problema, pero lo es.

El segundo acontecimiento no es más que un susurro ahora, pero veo mucho más. Hay un grupo de líderes religiosos -expertos, eso sí- que están vendiendo la idea de que "mientras Jerusalén y Palestina se consideren Tierra Santa y Tierra Prometida, en lugar de territorio secular y geográfico, nunca tendremos un acuerdo pacífico en Oriente Medio. Tenemos que sacralizar y quitarle el carácter sagrado o desbiblizar a Jerusalén y a Palestina". Pregunto a todos ¿quién la llamó Tierra Prometida? ¿No lo hizo el propio Señor? ¿Acaso el hombre emplea la sana doctrina? ¿Y qué es desbiblizar? ¿Podría significar "quitar" referencias bíblicas, negando las verdades de Dios abierta y concluyentemente? Estos "líderes religiosos" abarcan una variedad de denominaciones cristianas. Sus opiniones pueden hacer que muchos otros les sigan. Debes estar prevenido. El verdadero problema es que, si tú no estás seguro de la verdad, ¿cómo puedes estar seguro de lo que no es verdad?

Porque está escrito "Pero hubo también falsos profetas entre el pueblo, como habrá entre vosotros falsos maestros, que introducirán encubiertamente herejías destructoras, y aun negarán al Señor que los rescató, atrayendo sobre sí mismos destrucción repentina." (2 Pedro 2:1).

"Les prometen libertad, y son ellos mismos esclavos de corrupción. Porque el que es vencido por alguno es hecho esclavo del que lo venció. Ciertamente, si habiéndose ellos escapado de las contaminaciones del mundo, por el conocimiento del Señor y Salvador Jesucristo, enredándose otra vez en ellas son vencidos, su postrer estado viene a ser peor que el primero. Porque mejor les hubiera sido no haber conocido el camino de la justicia, que después de haberlo conocido, volverse atrás del santo mandamiento que les fue dado." (2 Pedro 2:19-21).

Conclusión

La perspicacia espiritual con respecto a la "firma del pacto" actúa como un pacto de condenación sobre el hombre. Concediendo a dos clases de incrédulos lo que desean al permitir que su apostasía religiosa se exprese y formalice concluyentemente en el tratado de paz definitivo de Israel, tanto el judío como el gentil son tratados colectivamente. El Señor no juega con favoritismos, pero usará a uno para lograr al otro.

Un ejemplo de ello se ve cuando —Dios declara en Zacarías 13:8-9 que un tercio de los judíos se salvará, lo que significa que dos tercios se perderán. Esto significa que tomará la pérdida de dos tercios de los judíos antes de que reconozcan su ceguera y se arrepientan, volviéndose a Jesús para ser salvados y no por su propio esfuerzo o armas. Dios permitirá que Satanás reúna a todos los gentiles incrédulos para intentar destruir a todos los judíos. El antisemitismo aumentará dramáticamente a medida que pase el tiempo. El Mesías ciertamente descenderá a Su llamado y redimirá a Israel. ¿Y esto no "provocará celos a Israel" (Romanos 11:11)? En realidad, este proceso ayuda a Dios a juzgar al hombre y su incredulidad en la Palabra literal del Señor.

¿Ves tú la paradoja? Oh, mucho se ha dicho, tal vez lo no esperado, tal vez lo no deseado, tal vez el nervio, pero, sobre todo, tal vez la verdad. El arte del engaño es ser ciego para ser engañado. La historia revela que los incrédulos hacen que la Palabra profética de Dios se haga realidad.

¿Ves tú por qué una causa tan noble como un "tratado de paz" se empeña en representar la apertura del Libro de las Apocalipsis? ¿Ves tú la paradoja de la Septuagésima Semana de Daniel?

Que se diga que el Señor siempre nos da esperanza. ¡Recibámosla! Porque está escrito en 1 Corintios 14:3: "Pero el que profetiza habla a los hombres para edificación, exhortación y consolación". He edificado a la iglesia. Que ahora concluya con exhortación y consuelo.

EXHORTACIÓN

UNO DE LOS PRINCIPALES PUNTOS de vista del verdadero cristiano es reconocer la elección de Dios de su pueblo elegido para alcanzar al mundo y salvar a la humanidad, de modo que todos puedan participar de su promesa de restaurar al hombre a su condición original antes de la caída de Adán. Este es el objetivo final de Dios, y Él establece las condiciones. Desafortunadamente, hay un adversario de Dios, y Adán, al utilizar su libre albedrío, se sometió a él. Cristo derrotó al adversario muriendo sin pecado en la cruz.

Dios declara que todos los hombres son pecadores y esa es la única razón por la que morimos. Su código de justicia no vacilará, y su amor por nosotros es aún mayor como lo demostró Cristo. Debido al nacimiento virginal, Cristo no nació pecador, pero tuvo el desafío de convertirse en pecador ya que era de la carne. No cometió pecado, así que la pregunta debería ser ¿por qué fue crucificado tan cruelmente? La respuesta— Satanás mismo estaba tratando, a través de la debilidad de los hombres, de hacer que Cristo cometiera un solo pecado. Ya sea maldiciendo, mostrando orgullo o finalmente contraatacando, Jesús tuvo éxito sin hacer nada de esto.

Jesús certificó la justicia y el amor de Dios, justificando a los hombres por medio de su fe en Cristo y haciéndonos aptos para entrar en ese reino eterno en el tiempo señalado. Sí, la vida eterna perdida en Adán ahora se recupera por el sacrificio de Cristo en la cruz. Así, está escrito en

1 Corintios 2:7-8: "Mas hablamos sabiduría de Dios en misterio, la sabiduría oculta, la cual Dios predestinó antes de los siglos para

nuestra gloria, la que ninguno de los príncipes de este siglo conoció; porque si la hubieran conocido, nunca habrían crucificado al Señor de gloria.". Oh, la sabiduría del Señor expuso el orgullo del adversario y "Por lo cual eres inexcusable, oh hombre, quienquiera que seas tú que juzgas" (Romanos 2:1).

Ahora Dios está restaurando a Israel para que reciba las promesas hechas a los muchos siervos del Señor de esa nación. Cuando Israel llame a su Mesías, serán salvos. Les advierto a todos que la hora más oscura está por llegar para el hombre. Esta generación puede mirar hacia atrás y medir las palabras de Dios, pero muy pocos lo hacen. Yo lo he hecho, y veo a un Dios poderoso que pronto se revelará. Pensemos en las palabras antiguas que se cumplen y no hay nada que podamos hacer al respecto. Este tipo de poder es inmensurable para la mente humana. No tengo miedo de admitir que nosotros, incluido yo mismo, no somos más que peones a los que se les da la oportunidad de algún día estar delante de

Él según Sus términos. Dios sabe que no podemos ser perfectos (aunque sigamos intentándolo). Por eso nos dio un ejemplo de perfección y nos pidió que creyéramos en Su Obra Perfecta tal como Él la demostró.

Hay mucha "doctrina de la autojustificación" que pretende tener razón, incluso en la iglesia cristiana. Si se me permite expresar mi opinión sobre el asunto, el problema con el cristianismo es su "personalidad". No es Cristo, y quiero decir exactamente eso... ¡no es! Deberíamos procurar vivir como Cristo y en Cristo, pero ¿lo hacemos? No estoy juzgando, pero el tiempo es esencial. Por lo tanto, oremos por una espalda fuerte, en caso de que se nos dé una carga pesada que llevar.

BUSCO CONSUELO POR MEDIO DE MI TESTIMONIO PERSONAL

JESÚS REVELA: "EL PADRE... os dará otro Consolador... el Espíritu de verdad, al cual el mundo no puede recibir, porque no lo ve... No os dejaré huérfanos; vendré a vosotros... Mas el Consolador, el Espíritu Santo... enviado en mi nombre, él os enseñará todas las cosas, y os recordará todas las cosas" (Juan 14:16–18, 26). ¡Y así lo ha hecho!

Y finalmente, como testimonio personal, deseo que se sepa que, en este momento, estoy llamado a hablar en el oficio de profeta. Al principio me resultó difícil creer en este llamado y lo he llegado a aceptar, dándome cuenta de que es una carga, pero ¡oh… es una carga de alegría! Entonces busqué la verdad como lo instruye Proverbios 2:1-9, y sé que la sabiduría y el conocimiento son más preciosos que el oro como lo revela Proverbios 3:13-20. Así que, sin precio ni compra, doy a otros lo que se me ha dado libremente.

Este hombre ha aprendido a llorar de nuevo por la humanidad, sin importar el color de su piel, sus creencias políticas, sus antecedentes penales, sus principios irreligiosos y sus costumbres, y sin importar su odio por la verdad. El hombre está perdido, pero es por quien murió Jesús, así que, ¿quién soy yo para juzgar? No sé el día, pero me glorifico en el Mesías que viene para redimir a Israel… y al hombre. Y así deberían hacerlo todos, porque en ese momento, los judíos y los gentiles que crean comerán en la misma mesa y servirán al mismo Señor.

Le he pedido a Dios que me alimente para poder alimentar a otros. Él ha respondido mis oraciones con gracia. Sin embargo, siento que el Espíritu Santo me ha dado respuestas tan íntimas solo porque el momento está muy cerca. Porque cuando la mano de Dios puede revelarse desde el principio hasta el final y aún así la humanidad no presta atención… ¿Qué pasa entonces? Así está escrito en 1 Corintios 2:12-13: "Y nosotros no hemos recibido el espíritu del mundo, sino el Espíritu que proviene de Dios, para que sepamos lo que Dios nos ha concedido, lo cual también hablamos, no con palabras enseñadas por sabiduría humana, sino con las que enseña el Espíritu, acomodando lo espiritual a lo espiritual". ¡Esta es la sabiduría y la esperanza que proclamo a todos los que tienen oído!

Por lo tanto, cuando tengas una medida de fe y un poco de entendimiento, ora por una señal que confirme lo que escribo. No estoy por encima de ser probado, y yo mismo he buscado confirmación y he recibido una señal confirmadora de origen sobrenatural. Si tu corazón está abierto y estás sobrecogido de alegría por los secretos que revelo, entonces todo lo que pido es esto: haz lo mismo con lo que te he dado. Dale una copia a otro. Comparte. Sé que eso es lo que Dios realmente nos pide, porque es la mejor manera de demostrar fe y, sobre todo, amor.

Sí. La verdadera Coalición Arcoíris son aquellos que siguen a Cristo, superando así sus prejuicios. Si sigues completamente el mandamiento de "Ama a tu prójimo como a ti mismo", no te encontrarás con prejuicios y, en última instancia, opuesto a lo que Dios está haciendo. Sí, la Palabra profética de Dios dice que en los últimos días "¡El amor se enfriará!" Te advierto que también debes estar preparado y no sorprenderte, no sea que te tomen desprevenido y sin estar preparado. Por lo tanto, mantente firme y sé inamovible en tu fe. ¡Y que tu fe se encuentre en Cristo y solo en Cristo!

Agradezco a Dios por Su paciencia, porque Él ciertamente ha sido paciente con nosotros, pero llega un momento, y tal vez el momento haya llegado. De hecho, ¿podemos decir que el momento es en esta generación? Si así es, me mantengo firme, incluso en mis pruebas, me mantengo sobre los hombros de los profetas y grito sus palabras. ¡¡¡Amén y amén!!!

Gregory A. Booker

ESCRITOS INSPIRADOS

SALUDOS, MINISTROS DE LAS IGLESIAS Y DE LA CONGREGACIÓN

LA PALABRA ES DECLARADA, Y el momento ha sido establecido. Estos son los "tiempos de la restitución" que traen consigo la venida de nuestro Señor y Salvador, el Cristo. Si los apóstoles pueden declararlo, entonces ¿por qué, con todo lo que se nos hace ver, no podemos declararlo ahora? Por la gracia de Dios, hay alguien que trabaja en el "oficio de profeta" en la casa del Señor. El Señor lo ha encontrado, alguien que está decidido a hablar la Palabra profética de Dios, porque se me ha ordenado publicar estas palabras ante la congregación para que puedan saber, y ruego que crean en los caminos del Señor. Porque está escrito: "Mi pueblo perece por falta de conocimiento" y "Donde no hay consejo, el pueblo cae, pero en la multitud de consejeros hay seguridad". Yo no soy más que un consejero y un mensajero en el nombre de Jesús.

Los siguientes artículos son cuatro declaraciones de "declaración profética" a la iglesia y para la iglesia, pero no necesariamente por la iglesia sino por el Espíritu. Apelo a todos y cada uno a considerar estas palabras para que puedan ser provechosas para su ministerio. La siguiente es una breve sinopsis de cada una:

El primero, "La Declaración del Misterio de los Últimos Días", revela el misterio de Dios que se revela en los tiempos finales como lo declara la Escritura. Anuncia a la Iglesia que se prepare para la liberación final del juicio. Además, emite una advertencia a un mundo incrédulo sobre Su palabra profética sobre el regreso de los judíos como nación, probando así la realidad de Su Palabra en la tierra. Finalmente, también declara a Israel una liberación que vendrá a pesar de su incredulidad en Jesús como vemos ahora. Dios va a mostrar al mundo que Su amor será mayor. Él liberará a Israel al final y, sin embargo, juzgará a un mundo que rechaza Su gracia.

La segunda y tercera declaraciones hablan específicamente a Estados Unidos, el país de Dios como lo hemos declarado. Estados Unidos se ha convertido en un lugar lleno de desobediencia a las leyes de Dios, e incluso las iglesias buscan justificar sus propios pecados, dando vida a las palabras del apóstol Pablo, que dicen: "Nadie os engañe en ninguna manera; porque no vendrá sin que antes venga la apostasía, y se manifieste el hombre de pecado, el hijo de perdición" (2 Tesalonicenses 2:3). Cinco de las siete cartas dirigidas a las iglesias en el libro de Apocalipsis, capítulos dos al cuatro, revelan una triste conclusión—Jesús admira sus obras, pero declara que han olvidado su primer amor... a Él. Les pide que se arrepientan. Es evidente que, en Estados Unidos, nuestras iglesias, que consisten en muchas denominaciones y culturas, no están logrando sostener una doctrina bíblica pura y sólida. Como el verdadero arrepentimiento ante nuestro Dios es prácticamente inexistente entre gran parte de la comunidad cristiana, muchos miembros vienen a la iglesia, pero no acuden a Cristo. A medida que la institución del cristianismo se debilita, también lo hará Estados Unidos como nación.

La cuarta afirmación se refiere al justo juicio de Dios. En esencia, ¿sería justo probar sólo a Israel con la primera venida de Cristo y no probar también a todas las demás naciones con su segunda venida? Como Cristo probó a Israel, el Espíritu Santo me ha permitido ver como Dios está usando a Israel para probar al mundo para ver si los Gentiles creen la palabra concerniente al regreso de Israel como a Israel se le requirió creer la palabra profética concerniente a quien era Jesucristo. Yo declaro que nuestra religiosidad nos está haciendo lo mismo que le hizo a Israel. La pregunta que hago ahora es, ¿podríamos rechazar dentro de nuestros corazones la realidad de la salvación de Israel, cumpliendo al fin las Escrituras? ¿No restauraría y probaría este acto la verdad absoluta para gloria de Dios y de nadie más? ¿Podría Dios estar mostrando al mundo qué es la verdad y dónde se encuentra (dentro de las puertas de Jerusalén cuando la batalla se libra en el Valle de Josafat, al otro lado de esa puerta)? Nosotros, la iglesia, deberíamos estar diciendo a que Dios poderoso servimos mientras esta realidad se acerca con cada día que pasa. La Palabra de Dios nos advierte en Romanos 11 que no seamos jactanciosos, envidiosos o celosos en ese día, sino que nos preparemos para ver la justicia a punto de realizarse cuando Sión el Libertador. La cuarta declaración se dirige a estas preocupaciones porque veo tantos santos dormidos en las iglesias a través de América y el tiempo es corto. Cuando el predicador de la justicia habla, usualmente es llamado directamente por Dios para declararla, y siento que es el llamado final, incluso el último recurso.

Venid para que tengamos ojos que veamos y oídos que oigamos, para que comience un regocijo dentro de nuestros corazones, y para que la promoción del Evangelio llegue una vez más a un mundo perdido. El Espíritu de la Verdad declarará su historia a través de los profetas del Señor en la hora que Dios mismo lo determine. Y que nuestros corazones sepan que es justo que si primero el judío, ahora el gentil, y esta es la justicia del Señor que Él está dispuesto a realizar. Espero que las siguientes cuatro declaraciones de la expresión profética añadir conocimiento y sabiduría, dando a la iglesia claridad, y todo lo cual pertenece a la gloria de Dios. ¡No soy más que un grito en el desierto!

Propósito: Para el Perfeccionamiento de los Santos
Efesios 4:11-13
"Expresión en el año de 1995".

LA DECLARACIÓN DEL MISTERIO
DE LOS ÚLTIMOS DÍAS
Escrito en Julio 1991

EL SEÑOR DIOS A QUIEN servimos... es un Dios vivo, lleno de gracia y de entrañables misericordias.

Oh, pero es Su cólera para ser encendida y su corazón
se ofenderá en ese día grande y notable.

Oigamos Su justicia para que conozcamos nuestros pecados.

¿No ha sido falsamente acusado Su Hijo?

Oh, el hombre busca lo que es justo... ¡todos los hombres!

Sin embargo, no ve la injusticia contra uno que se
encuentra incluso sin pecado. Pues el Señor lo ha
publicado ante todos los pueblos de la tierra.

Pero sus oídos están tapados y sus ojos cerrados. La
justicia para ellos es sólo para ellos en verdad.

¡Qué necio eres tú que no preguntas!

Que ninguna respuesta puedo dar cuando no se pregunta.
Huyes de mí, oh hombre, corriendo hacia mi adversario.

Pues recuerda que hay un enemigo en el camino.

Y su tiempo se acerca y su reino ha caído. Y así los reinos
tuyos, oh hombre, harán lo mismo. ¿No estarás tú lleno
de ira... lleno de mentiras desesperadas cuando yo,

incluso yo, el Señor, ¡digo basta! Lo sabrás con toda seguridad.

Por boca de mis propios profetas lo sabrás.
Levántate, Iglesia mía, y escúchalos bien.

Porque he venido a ti para hablarte como a mi propia nación.

La tierra es tu desierto

Y la Nueva Jerusalén descenderá sobre ella. Así profetizarán mis profetas acerca de Jerusalén.

Porque está llena de contiendas, llena de divisiones, y ahora empieza a correr la sangre como yo sabía que iba a correr.

Pero recuerda el relato de Josué y Caleb.

Porque ellos creyeron por fe y fueron recompensados y tú también debes hacerlo.

Oh, profetas míos, mirad a la nación Israel, no sea que yo envíe profetas de la nación Israel.

Iglesia, considera a esta antigua nación en estos tiempos modernos.

Porque es mi palabra escrita que se mueve ante toda la tierra.

¿No ha sido pronunciada desde tiempos remotos?

Y, sin embargo, ¡se me niega! Pero YO SOY EL QUE SOY... como entonces Y con gran trueno, YO SOY EL QUE SOY... ¡incluso ahora!

Mi pueblo es poco en medio de muchos.

¿No es para una demostración?

Recuerden que por mis antiguos profetas hablé, ¡que no hago esto por ellos, sino por mi nombre! Porque mi nación está llena de orgullo y, de hecho, es jactanciosa.

Pero, ¿qué hay de ustedes, Brasil, y qué hay de ustedes, Irán e Italia y China y Rusia y Nigeria y, oh, tantas otras naciones?

Les pregunto, ¿me sirven? ¿Declaran a mi Hijo? ¿Y

tengo lágrimas por mi América… ¡lágrimas reales!

Se han negado a escuchar mis trompetas
como Israel se negó en el desierto.

Salgan de ella, mis santos… ¡porque ha caído! ¡Ha caído!

Por lo tanto, publiquen esto ante la congregación,
para que puedan saber, oh hombre.

Porque conocerme es oírme… Tal es Mi justicia. Así que escuchen
esto y escuchen esto bien… porque las palabras son una certeza.

Pregúntenle al Señor nuevamente:

"¿Restaurarás en este tiempo el reino a Israel?" como está escrito.

Pidan de hecho, mi Israel.

¡Para que yo pueda darles la respuesta!

Porque así dice el Señor con respecto a la pregunta. Así es como
pondré todas las cosas bajo los pies de mi Hijo. Permitiré que un
peso caiga sobre las espaldas de Israel y estarán muy cargados.

Y vosotros, oh gentiles, ¡así lo harán!

Me servirán bien en su incredulidad respecto a mi Palabra
e Israel clamará cuando todo el mundo esté acampado a tu
alrededor. Cuando su política, su armadura, sus economías
e incluso sus dioses busquen llevar a mi nación a su fin.

¿Entonces mi nación dirá: "¡Ven, mi Señor, ven!"

¿Pueden arrepentirse?

¿Acaso desecharé su transgresión contra mí?

¿No declara mi Palabra que la salvación reposará en Mí?

¡Así será! Porque no habrá otra nación, pueblo, arma o esperanza que pueda salvarte sino por Aquel que fue rechazado.

¿No está escrito por mi profeta Zacarías?: "Entonces saldrá el Señor

y peleará con aquellas naciones, como peleó en el día de la batalla.

Y se afirmarán sus pies en aquel día sobre el monte de los Olivos,

que está delante de Jerusalén".

Pregunto, ¿qué otro dios puede declarar semejante propósito?

¡Y dar a conocer tal misterio que está ante toda la tierra!

¡Cuán preciosa es la obra de mi propio Hijo… Salvador de los

gentiles!

¡Y también demostraré… Mesías a los judíos!

Declaro a todos los que tienen oído, no es la
Iglesia o Israel, ¡sino la Iglesia e Israel!

Y por mi Hijo ambos serán un nuevo hombre.

Y entonces se cumplirá la Escritura como está escrita en Romanos
11:15 "Porque si su exclusión es la reconciliación del mundo,
¿qué será su admisión, sino vida de entre los muertos?"

Y en ello será glorificado el Señor Dios y toda la tierra lo verá
y lo sabrá. Oh, en verdad, cuán dulce es la gracia de Dios.

¡Quién puede medir Su gracia y quién
puede realizar Su misericordia!

Tengan cuidado, gentiles. Preparen a mi Iglesia
para ese gran y notable día que es ahora.

He aquí, en aquella hora haré nuevas todas las
cosas, como lo prometí a quienes creen.

Porque la esperanza ardiente es en verdad la bienaventurada.

¡Miren hacia arriba, declara el Señor, les digo que vigilen la
visitación! Así ha escrito el Señor. ¡Así lo declararán mis profetas!

LÁGRIMAS POR AMÉRICA

OH TIERRA... LEJOS DE la niña de mis ojos

Grande ha sido tu llamado... Un lugar de refugio para muchos.

Algunos por necesidad y otros por el yugo. Sin embargo, ¿no han
sido todos bendecidos en su Promesa? ¿No pusimos nuestra

esperanza en ti... el Señor?

A pesar del error de nuestros caminos, fuimos corregidos
Y bendecidos en Su conocimiento, ninguno de los dos.
Muchos en verdad, sí, muchas semillas entre los hombres.

Teniendo los mismos sueños... la misma esperanza... y el mismo

Dios. Benditos fuimos cuando el Señor nos sonrió cuando lo

buscamos. Pero oh, América... ¿Dónde estás ahora? ¿No puede el

Señor preguntar?

¿Y podemos responder la pregunta mientras estamos atrapados
en los Frutos provistos y no escuchamos Su Voz?

¿Conocen los hijos Sus caminos para contar los suyos?

¡Creo que no!

Poderosa América, todos en ti lloran para
que las cosas sean a su manera.

No hay contentamiento, ¿y dónde está la unidad? ¡Ya
no lloran por el Señor porque no lo conocen!

Oh, América… un brazo de apoyo para mis elegidos, ¿estás

transigiendo en tu éxito?

En nombre de la democracia, ustedes ganaron la
libertad. Pero, ¿no se basó su libertad en la Verdad?

Por lo tanto, ¿no están siendo absorbidos por su
propio diseño? Sí… ¡la diversidad, siendo su promesa,
también puede convertirse en su maldición!

¿Dónde está la verdad cuando honran las mentiras
de los que están lejos con su cortesía?

Oh, América… ¿No han abandonado a sus propios
hijos, prefiriendo cortejar los favores de los de
afuera para los pocos que están adentro?

¿Hasta cuándo, tierra de los libres? ¿Hasta
cuándo, tierra de los libres?

Estamos agobiados por nuestra avaricia… ¡Esclavizados por la

deuda que elegimos!

Con nuestro Dios no somos ni calientes ni fríos, sino tibios…

¡Cediendo sin darlo todo, solo para rendirnos!
Por lo tanto, tengo lágrimas por mi América. Sí...
la esperanza del mundo ha estado en ti.

Y no puedo ver a nadie mejor en el Señor que América.
Por lo tanto, tengo lágrimas por el mundo también.

Porque cuando América no hable más por el Dios Verdadero...

Entonces el Dios Verdadero debe hablar por Sí Mismo,

Y entonces habrá lágrimas en América... ¡Lágrimas de verdad!

Así dice el Señor... Amén y Amén.

Y está escrito acerca del que profetiza: "Y si dijeres en tu

corazón:

¿Cómo conoceremos la palabra que Jehová no ha hablado?

Si el profeta hablare en nombre de Jehová, y no
se cumpliere lo que dijo, ni aconteciere,

es palabra que Jehová no ha hablado; con
presunción la habló el tal profeta.

no tengas temor de él." (Deuteronomio 18:21-22).

"Porque Jesús mismo dio testimonio de que el profeta
no tiene honra en su propia tierra." (Juan 4:44).

"Ya os lo he dicho antes." (Mateo 24:25).

Propósito: Para la obra del ministerio
Efesios 4:11–13
"Para preparar a los santos"

UNA RESPUESTA A LAS LÁGRIMAS... ¡MI AMÉRICA!

Escrito el 28 de abril de 1995
Una respuesta al servicio conmemorativo de los Estados Unidos
por la tragedia del atentado con bombas en Oklahoma

HE OÍDO EL CLAMOR DE MIS COMPATRIOTAS. He visto las lágrimas de las hijas de tu nación. ¡Y ahora elevamos nuestras voces en ansiosa oración! ¡Ahora buscamos Su refugio y lo buscamos! Y Él ha escuchado nuestro clamor, pero me devolvió una pregunta. Porque el Señor pregunta: "¿Qué es lo que necesitamos?" Y respondemos por nosotros mismos. ¡Venceremos! Cantando "Dios bendiga a América" como si Él fuera nuestro y solo nuestro, ¿nos examinamos a nosotros mismos para poder preguntarnos? ¡Creo que no! De hecho, nuestros corazones actúan irreprochablemente. E incluso nuestros tribunales están en desorden, creyendo que nuestros derechos están por encima de Sus leyes.

Él pregunta: "¿Somos mejores por ello?" ¡Oh, en qué nación miserable nos hemos convertido! Incluso nuestros adversarios están empezando a conocer la justicia mejor que nosotros. Y ahora están dispuestos a contemplar nuestra calamidad. ¡Oh, América! Porque nuestra democracia nos ha cegado, y hemos retrocedido en nuestra libertad. Y el Señor me pregunta a mí, Su siervo entre siervos, "¿Cuánta libertad vamos a requerir con nuestra democracia?" ¿Será tu propósito una ocasión para pecar? Pero debido a que Su gracia es tan abundante, estamos seguros de apropiarnos indebidamente de ella en nuestra libertad porque Él está atento a nuestras políticas en el Capitolio, y nuestras enmiendas de un lugar a otro son de hecho contrarias a Él. De hecho, estamos en oposición a Sus mismas leyes. Pero Él es Dios, y Él declara: "¡Yo no cambio!"

¿No es peculiar que el nombre de Aquel a quien el Señor ha bautizado sea silenciado incluso dentro de nuestras instituciones de enseñanza? E incluso ahora empezamos a sufrir pérdidas, no sólo en el corazón de nuestra nación, sino de costa a costa. Escuchen, porque incluso la belleza de América se ha empañado. El Señor ha hecho llover una limpieza, pero estamos rechazando un refresco. Te aseguro que no hemos conocido Su ira, pero por Su castigo, aprenderemos de la ausencia de Su gracia, porque los elementos de la tierra nos consumirán en nuestra desobediencia.

Piensa, oh hombre. El Señor requiere que tú escuches. ¿Por qué, oh gentiles, no podéis regocijaros en la salvación de Israel? ¿No has sacado provecho de su caída como una lección objetiva? ¿No se nos han dado a conocer las mismas obras de Su mano a través de Israel? Y ahora está delante de nosotros noche y día para un entendimiento y como evidencia. Pero hemos rechazado el conocimiento, y desechamos la sabiduría. Oh, pero el Señor ha puesto una palabra ardiente en mis labios. Ha encendido un fuego en mi corazón.

Exigiendo una proclamación, Él dice: Oh hombre, desata la causa de Israel ante sus rostros incluso ante la tierra. Y da a conocer el propósito del Señor ante la congregación. Establece al Dios de Israel para una demostración de Su poder y Su gloria, pues Él se dispone una vez más a restaurar el Tabernáculo de David ante sus ojos. Y el Señor sabe que serán celosos ante Sus ojos, ustedes los gentiles. Nuestras preocupaciones estarán en oposición a Su agenda, la cual será por la Palabra. Volvamos nuestra atención a la verdad para que podamos ver Su justicia puesta en contra de las naciones que son contrarias a Su nación y a Su Hijo. ¿No es esto sino el despliegue mismo de Su misericordia a esas naciones a través de las edades?

Asistimos al tribunal de nuestro Dios y conocemos nuestros pecados. Por lo tanto, el Señor ha probado nuestra culpabilidad a través de la inocencia de Su Hijo. Yo digo, abran paso, porque la justicia será servida a los transgresores contra la verdad y la promesa. No endurezcan sus corazones contra el conocimiento de Sus caminos. Es una verdad que el Señor me ha hecho decir. Que el pueblo de Dios escuche estas palabras, pues ésta es la conclusión del asunto. El Señor tiene una preocupación por encima de la nuestra, ¡América! ¿Cuántos de ustedes recuerdan que servimos al Dios de Israel? ¿Podemos soportarlo para que podamos beneficiarnos de ello? Ruego a los santos que lo acepten con humildad. ¿A qué evangelio servimos nos pregunta el Señor: a promoverlo a Él o a protegernos a nosotros mismos?

Iglesia, apelo a ti para que escuches esta línea de pensamiento, que viene por el Espíritu. Satanás cegó a Israel por su egoísmo, y así ellos tropezaron. ¿Está cegando incluso a los santos para que tropiecen con la Palabra concerniente a Israel? Afirmo que nuestra indiferencia ha llegado a ser equivalente a la de Israel. ¿No estaba escrita la Palabra concerniente a Jesús, e Israel rehusó creer en aquella hora? Ahora la Palabra está escrita concerniente al regreso de Israel, ¡y no lo consideramos en nuestra hora!

Así como Israel rechazó a Cristo en su ignorancia, también se me ha hecho ver que la institución eclesiástica está en incredulidad con respecto a la Esperanza de la salvación de Israel. Oh, la sabiduría del Señor en la realización de Su prueba. Lo que se repite, se repite. Y no puedo rechazarlo o discutir su punto. Esto es justicia en su máxima expresión, y sé que Dios es el preparador de la misma. Iglesia de Gentiles, ten cuidado de tener tu propia justicia. Ten cuidado de verdad, porque Dios no está subordinado a sus pensamientos ni a sus tradiciones, sino que requiere nuestra obediencia a Sus pensamientos, para que no fracasemos también nosotros.

Por tanto, no desmayen, sino más bien prepárense para la instrucción. El Señor ha puesto ante Él una nueva voz y ha dado a aquellos una visión. Y veo una promesa antigua puesta para ser cumplida, y es una revelación. El Señor declaró: "Derramaré mi Espíritu y ellos profetizarán". De hecho, el tiempo ha llegado para el *Ungido*. Recuerda, ¿no es el tiempo un fin señalado a este mundo que otro podría venir? Les advierto que no olviden el pacto del Señor con Israel o ¿les negaré a recordarlo siendo sabios en su propia presunción? Puede contarse contra ti en el día del Señor si se te exige que lo creas.

Por lo tanto, esta es mi respuesta a tus lágrimas, oh América. "Así como eliges echar a mi Hijo de tu democracia para que otras religiones puedan morar, así como eliges hacer aceptable ante Mí al hombre con el hombre y a la mujer con la mujer, así como tu política aprueba el juego y tu crédito aprueba la deuda, así lo permitiré para que caigas del peso de tu codicia en tu libertad. Porque será una maldición para ti, y me sentaré y no oiré tus gritos. Entonces el Señor los desamparará, y en su diversidad habrá calamidad".

Pero a mi Iglesia, recuerda el decreto de fe del Señor. Acuérdate de la profecía que aún ha de cumplirse por la Palabra, pues es palabra más segura. Acuérdate de tu primer amor y de su reino que ha de venir. Recuerda el juicio, que debe cumplirse mediante la revelación de Su Hijo. Recuerda Su promesa a Israel, porque Él los codiciará en esa hora. ¿No están todas estas cosas escritas en el mismo Libro para el recuerdo? La realidad está a punto de llegar a la tierra, y no hay excusa para no ver lo que se puede ver, leer y comprender para la gloria de Dios y de Su verdad. Te ruego que no juzgues según las apariencias, sino con juicio justo. No digamos no a Su Palabra porque es el nombre de Jesús. ¿Y ya está escrito? Prepara a los santos para vestir ropas de justicia porque hay una boda a la que asistir. Regocíjate ahora. Yo digo, regocíjense siempre en esta verdad, porque por la gracia de Dios les traigo un reporte minoritario como lo hicieron Josué y Caleb. Y cuán pocos los siguieron, pues no hubo uno solo. Cristo está delante de nosotros; oigámosle, pues Él afirma: "Ya os lo he dicho antes".

Pero, ¿quién amará la verdad para desear que la justicia sea servida? Nuestro Dios ha sido misericordioso y lleno de paciencia para que conozcamos verdaderamente su gracia. Encargo vuestras oraciones para que un profeta del Señor no tenga honor... ¡todavía! ¿Y quién creerá tal informe en el tiempo en que deba ser conocido? Pero la justicia del Señor es mi fortaleza, y Él será mi escudo, porque el Señor ama al justo. Entonces sean, pues, justos por la sabiduría, Iglesia mía. La sabiduría clama por las calles y susurra suavemente ante los santos. ¿Dónde está la rectitud para que se realice? Doy gracias a Dios porque Su Palabra ha sido puesta ante nosotros para que le conozcamos. Pues la Palabra afirma: "Por el conocimiento son librados los justos". Hablemos con alegría indecible que un reino verdadero se acerca para un trueno silencioso se fija para rugir, y la tierra será sacudida.

Para terminar, yo digo, abre tu corazón para ver Sus caminos, y estarás con Jesús, porque es bueno que la Novia conozca la venida de su Novio, para que la boda sea pura y santa. Ven, dice el Señor. Venid. Incluso, si es necesario, arrepentíos para que podáis venir ante Él. Venid uno y venid todos y seréis perdonados. ¡Amén y amén!

Propósito: Para el perfeccionamiento de los santos
Efesios 4:11-13

EN TODA JUSTICIA, ASÍ ES LA JUSTICIA DEL SEÑOR

OÍD, TIERRA Y TODOS SUS HABITANTES, la Palabra del Señor porque el tiempo ha llegado, y el momento ya ha sido declarado. Pero el pueblo va por su camino, inconsciente y despreocupado, consumido en servirse a sí mismo, para sí mismo, día y noche. Continuamente se reúnen sólo para encontrarse sin lo que realmente necesitan. Permanezcan quietos, los que son rápidos sobre la tierra, para que puedan oír. Estén atentos para que puedan ver y llegar a saber. Porque el tiempo de la visitación del Señor se acerca en verdad. Ahora que la tierra está llena de la abundancia de hombres y sus inventos, ¿qué conquistará el hombre a continuación que pueda vencer por su propia fuerza? Con nuestro intelecto hemos estado en la luna y hemos buscado en los mismos cielos nuestra comparación y no hemos encontrado ninguna. Pero eso no significa que no haya ninguna para considerar.

La Palabra de Dios se encuentra en nuestros estantes para que podamos escuchar: "¡Así dice el Señor!" Pero el hombre rechaza al Dios que es por el dios que él quiere, para su propio daño. La Palabra de Dios ha resistido al tiempo mismo y ha vencido la incredulidad de aquellos que eligen la incredulidad. Ha perdurado y perseverado continuamente a través de los siglos, escrita por Sus siervos de los días antiguos. ¿No está la Palabra incluso antes de ti y de mí? De hecho, incluso la Palabra ha vencido el juicio de la Torre de Babel. Se ha elevado incluso por encima de Su nación que tropieza para mostrar que el Señor no tropieza. Aunque dispersó a los de la Torre de Babel, ¿no reunió también al hombre de nuevo en Pentecostés? ¡Cuán maravilloso es el Señor! ¿No ha traducido el Señor Su Palabra para que las muchas lenguas puedan recibirla? Porque en esta generación, ¿quién no puede tenerla delante de él? ¿Quién de nosotros puede dar una excusa digna de ignorancia ante el Dios de Israel? Porque el Espíritu ha publicado Su Palabra y ha expuesto Sus obras, promoviéndolas hasta los confines de la tierra como el Señor dijo que debía hacerse... ¡primero! Y así lo ha hecho, porque en verdad ninguna arma ha prosperado contra Él. ¿Ahora puede toda la tierra tomar una decisión, sí, incluso un rechazo firme? ¿Y no puede toda la tierra hacerlo universalmente, colectivamente y de manera concluyente? Esta es la sabiduría del Señor y la paciencia de Su gracia: ¡Él espera! ¿Y no ha esperado también nuestro Dios al hombre, pero en vano? Tantos de nosotros nos hemos extraviado y ahora incluso nos negamos a apartarnos del pecado. Tenemos una excusa para cada mal y una culpa para cada falta. Pero, ¿dónde está nuestra propia cuenta, y puede estar oculta de Dios?

Hay una espina que Dios mismo ha colocado en medio de la tierra. Y ese viejo diablo llamado Satanás lucha contra la Palabra de Dios cegando al mundo a Su Palabra, y oh, qué multitud tiene. Porque lo que debería ser una rosa ante la iglesia tiene la apariencia de una espina para la tierra. Y la iglesia también está dispuesta a verlo como una espina, excepto aquellos que caminan por la Palabra. Y la Palabra es por el Espíritu, y el Espíritu Santo nos da la sabiduría de Cristo. Y Su sabiduría dicta un asunto espinoso, que determinará la fe verdadera. Esa espina es Israel, que será Su vara de tensión en medio de un gran tiempo de decisión para que todo el mundo crea en Jesús. Causará un temblor entre las naciones que no tienen Su Palabra en la presencia de su pueblo ni Su esperanza en lo más profundo de sus corazones. ¿No es Él un Dios que puede elegir y, sin embargo, negar, dar gracia y, sin embargo, poner una prueba? ¿Quién puede anunciar en tiempos antiguos cosas que han de ser en los tiempos del fin? Oh hombre, mira y da reverencia al Señor. Qué Dios tan misericordioso servimos, porque Israel será Su señal sobre la tierra, una señal que será rechazada y es rechazada porque el Señor será rechazado. Pero Él es el Dios Santo que posee la justicia y tiene derecho a realizarla contra todos los que caminan en incredulidad. Servimos a un Salvador crucificado que posee el derecho de retribución. Oh Tierra, presta atención y estudia, porque Él exige de Su pueblo que lo conozcan.

¿Cómo prueba el Señor a las naciones como lo hizo Israel? ¿Por qué Israel debería ser la única nación que se medirá con Su Ley y Su verdad?

¡Presten atención, naciones, porque el Señor también está dispuesto a probarlos como lo hizo con Israel! Todos ustedes, gentiles de las muchas naciones, el Señor está ante todos nosotros por la Palabra a través del renacimiento de Su nación, como Cristo estuvo ante ellos en Su nacimiento. Cristo cumplió las Escrituras literalmente para que pudiéramos conocer la realidad de Dios, pero ¿a expensas de quién, de la Iglesia? ¿El tropiezo de quién hizo que te enaltecieran? ¿La ignorancia de quién acerca del Señor se hizo pública para que los gentiles se beneficiaran de ella? ¡Es el poder de Dios bajo demostración a través de Su nación lo que nos dio Su verdad, dándonos nuestra salvación y nuestra redención y nuestra esperanza, incluso de ser resucitados! Oh, Él ha dado una revelación asombrosa para el tiempo del fin, y caigo sobre mi rostro. Alabado sea Dios, de quien proviene todo conocimiento, para que obtengamos sabiduría de Él.

Debemos amar a Israel por la carga que se les hizo llevar, ¡porque hemos ganado! Les advierto de esto con profundo dolor. Israel es la raíz y nosotros somos las ramas. No podemos separarnos de esta verdad, o seguramente tropezaremos también. Oh Israel, clama al Crucificado para que Él pueda probar Su resurrección, y por tu arrepentimiento seguramente Él debe venir porque Su Palabra nos promete a todos. Y ahora Israel está cumpliendo la Palabra sin darse cuenta de dar a conocer la realidad de quién es Dios ante aquellos que eligen negar la cruz de Jesús y la redención de Israel. He encontrado ese Ángel de Luz que engaña al mundo entero. Iglesia, nada de nuestra bondad prevalecerá contra el mentiroso de esta clase. Pero la verdad y solo la verdad permanecerá para que Dios mismo sea glorificado en justicia. ¿Se pondrá de pie el verdadero Israel? ¿Es la iglesia Israel o es Israel… Israel? ¿No puede Dios tener dos vasos de Su hechura, o negará el hombre a Dios el privilegio solo para perder debido a su propio egoísmo? Esto es lo que advierto a todos. Satanás susurra: "¿Dijo Dios realmente que restauraría a Israel?". Yo proclamo enfáticamente por la Palabra que dice Sí… Sí… ¡y Sí! Dios está realmente poniendo de pie a la nación, y el mundo se niega a creer. Incluso las iglesias contienden con Dios y no lo toman en cuenta. Por lo tanto, ¿de qué lado estamos realmente, de la Iglesia? ¿De la Palabra o del mundo? ¿Será lo que pensamos, o será lo que realmente se puede ver y, sin embargo, nos negamos? Sí, a qué Dios tan poderoso servimos. Porque la Palabra sí dice: "Sea todo hombre mentiroso para que Dios sea veraz" y así será en la hora en que Él lo demuestre.

Se me ha ordenado escribir la visión y ponerme en la brecha como un grito en el desierto, porque la batalla está en el Valle de Josafat, y Jerusalén es el lugar de visita de Dios. Él no será negado en esa hora final. Será Su momento en el tiempo. Los pensamientos de Dios son, en verdad, más altos que nuestros pensamientos, tan altos como los cielos sobre la tierra. Teman al Señor Dios y no juzguen, porque la ley del hombre no es mejor que el corazón del hombre. Pero la Ley de Dios trae larga vida a quienes la siguen. ¡Y la Ley de Cristo incluso salva el alma para bendiciones eternas!

Así que, escuchen esto al terminar. Hazle a Dios la pregunta que Él espera—¿Por qué ha regresado Israel? Que la Iglesia ore esto delante del trono de Dios. Y escuché Su respuesta en lo más profundo de mi espíritu cuando fue declarada. Así dice el Señor por el Espíritu de Verdad, justicia significa "con toda justicia". ¿Puede el Señor presentarse ante una sola nación y exigir que lo conozcan y no exigir también de todas las demás naciones que lo conozcan también mediante una prueba? Con toda justicia, Israel tenía que creer en la primera venida de Cristo. ¿Sería correcto no poner a prueba la creencia de los gentiles en Su segunda venida? ¡Lee el Libro para ver!

En honor a la verdad, habitantes de la tierra, ¿no quieren también igualdad de oportunidades? Así será que las naciones tendrán su juicio como el de Israel, para que se haga justicia y se haga justicia a quienes cometen el mismo error y tienen una excusa aún menor que la de Israel, porque son un ejemplo. Recuerda, excepto cuando nuestra justicia exceda la justicia del fariseo, no veremos nada mejor que lo que ellos vieron. Que el hombre negro vea sólo lo negro, y el hombre blanco sólo lo blanco. ¡Y cada especie lo verá a su manera! Porque cada hombre se aferrará a su tradición a costa de perder a Cristo. El Señor afirma: "Porque Mi Palabra no está en vosotros para que creáis sólo en Mí". Como el judío, así será el gentil. ¡El Señor Dios prueba el corazón! Y les profetizo esto: como Jesús fue clavado en la cruz, así también Israel será clavado por un mundo de incredulidad. Y esta vez el Señor mismo responderá al clamor de Israel, y el Dios Verdadero será dado a conocer. Todas las religiones de este mundo se desmoronarán, ¡incluso las denominaciones! Pero no la Palabra ni el creyente que vence por la fe en el nombre de Jesús. Esta es la obra de nuestro evangelio en esta generación. ¡No tengan miedo! Este es el sello que el Señor me ha concedido abrir y ver por Su Palabra. Esta es la profecía que ahora debe venir, y Dios mismo ya no será visto oscuramente a través de un vidrio oscuro, sino tan claro como el cristal en pura justicia. Y la profecía de la Septuagésima Semana de Daniel resumirá todas las cosas como están escritas. Porque la mujer y su hijo varón son Israel y el Señor Jesús. Y el Hijo rechazado todavía será recibido por la nación para la gloria de Dios. ¡Como Salvador de los gentiles, demuestre el Señor también al Mesías a los judíos! Que todos los hombres ocupen sus lugares y declaren delante de Dios dónde están. ¡Porque la liberación ha llegado para que el mundo sepa a qué Dios poderoso servimos!

UNA CARTA EXPLICATIVA

SIEMPRE PENSÉ que el libro del Apocalipsis era una enorme batalla caótica. No podía determinar quién luchaba contra quién y por qué. También me resultaba difícil comprender cómo el mundo entero podía estar equivocado y, en última instancia condenados, ya sea por Dios o por el propio hombre. Estos pensamientos me llevaron a preguntarme: "¿Cómo puede el hombre estar tan equivocado y Dios tan en lo cierto como para que haya tenido que escribirse un libro así?".

En medio de mi búsqueda de la respuesta, la nación de Israel seguía apareciendo. Así que, me planteé una segunda pregunta: "¿Qué significa el renacimiento de Israel en mayo de 1948 y tiene algún significado profético?" En este momento, se me ha dado una respuesta, y mi búsqueda ha terminado. Sin duda, deseo que todos sepan lo que yo he llegado a saber. Me di cuenta de esta compasión cuando el Espíritu reveló Sus verdades tan clara y consistentemente. Y así se me ordenó que escribiera para poder revelar mejor a aquellos una perspectiva a la que no se está prestando la debida atención. Porque el Espíritu de Verdad declara "Que si me es dado saber, entonces es por fe mi responsabilidad revelar". El Espíritu sólo habla la perspectiva de Dios. Hasta la fecha, he escrito tres "Artículos de Revelación Divina". Ellos son:

- "La Necesidad del Retorno del Pueblo Elegido de Dios", fechado el 16 de mayo de 1990
- "La profecía está viva e Israel es la clave", del 22 de noviembre de 1990.
- "La paradoja de la septuagésima semana de Daniel", del 3 de abril de 1991.

Se considera que estas cartas inspiradas podrían contribuir enormemente a la edificación de la iglesia en relación con los acontecimientos de la década de 1990. Me siento honrado de que el Señor las haya puesto en mi posesión, y le alabo continuamente. Por lo tanto, concluyo sobre el asunto, pues siento que lo más difícil y sin embargo lo más inspirador se ha logrado. Es un pensamiento sumamente refrescante saber que habrá una verdadera "justicia eterna", un "fin de los pecados" y una muy real "vida eterna". Sí, el hombre tiene un Dios que lo bendijo con mucho más, y aún lo hará de nuevo.

Codiciemos la verdad tal vez más que cualquier otra cosa, porque está escrito "que algunos perecen por falta de conocimiento". Sí, estoy lanzando una severa advertencia a todos. Desconocido para mí en el momento de la escritura de mis artículos (década de 1990 y más allá) fue la declaración recurrente de "¡¡¡Deben estar prevenidos!!!" Creo en un rapto pre- tribulación, pero eso no significa que no seremos probados a medida que se acerque la hora. La verdadera pregunta es: ¿Crees tú en la religión más que en la verdad?

He intentado explicar primero las cosas que sí vemos. Creo que, si podemos entender el renacimiento de Israel y que es el llamado de Dios, entonces estaremos en un estado de ánimo mucho mejor para creer lo que está por venir. Sé que muchos caerán debido a su falta de voluntad para considerar la perspectiva de Dios, pensando que tienen razón a sus propios ojos. Ha sucedido tantas veces en el pasado de la historia, sin embargo, el hombre todavía no ha aprendido. No hay excusa. El pecado, en este caso, es simplemente la justicia propia, mejor conocida como orgullo. El hombre está lleno de orgullo. Por lo tanto, prepárate para prescindir de él, pues está escrito en Proverbios 16:18 "Antes del quebrantamiento es la soberbia, y antes de la caída la altivez de espíritu.".

Ahora miro hacia adelante, deseando añadir claridad a muchos puntos de interés relativos a la "estructura profética" de los acontecimientos futuros. La tarea es muy ardua, pero no tomo la Palabra de Dios en vano. Si Él pensó que lo mejor era escribirla, pensemos nosotros que lo mejor es leerla. Destacaré un marco básico de acontecimientos clave que se cumplirán.

No tengo todas las respuestas, y sé que probablemente es mejor que nadie las tenga. Pero me mueve el consejo que las Escrituras dan a unos y a otros: "Hermanos, si alguno de entre vosotros se ha extraviado de la verdad, y alguno le hace volver, 20 sepa que el que haga volver al pecador del error de su camino, salvará de muerte un alma, y cubrirá multitud de pecados" (Santiago 5:19-20). Esta es mi misión, la misión de un profeta, si tú quieres. Si Dios es eterno, ¿por qué no podemos serlo nosotros también? Y si el cielo es real, el infierno también debe serlo. Por eso hablo como profeta: ¡la Palabra del Señor es verdad! Y aquí está la sabiduría: Cuando el hombre abandone a Dios, Dios abandonará al hombre, y el hombre en su incredulidad será presa de sus propias obras de destrucción.

La estructura profética básica es:

1. La Bestia y el Reino de los Diez Cuernos
2. La Babilonia Misteriosa y la Babilonia Literal
3. La Iglesia de Cristo y los santos de la tribulación
4. La redención de Israel prometida y el reino milenario
5. Jesús, El Espíritu de Profecía... ¡es la Palabra Final!

Nota: Cada tema será tratado más adelante.
El propósito principal es reflejar lo siguiente:

*   Combinar Escrituras relacionadas,
*   Mostrar cómo la Escritura define a la Escritura,
*   Dar una conciencia del tiempo, y
*   Formatear para ayudar a instruir a otros

Gregory A. Booker

CARTA IV

Inspirado el 17 de Abril de 1991

El Reino de los Diez Cuernos Dirigido por el Anticristo

Los Misterios del Libro de Daniel

EL PROPÓSITO DEL LIBRO de Daniel es detallar las profecías de los reinos mundiales gentiles desde los días de Daniel hasta el milenio y el reino eterno de Dios en la Tierra. Fue escrito aproximadamente entre el 616 y el 535 a. C. y su autor fue Daniel, un príncipe cautivo de Judá. Daniel sirvió como primer ministro bajo varios reyes y fue dotado como intérprete de sueños y visiones. Y sirvió como profeta del Señor.

EL HOMBRE DE METALES
DANIEL 2

- Versículos 31 al 33— Reinos descritos como "El Hombre de Metales" (mi designación)
- Versículos 34 al 35— "Una piedra fue cortada, no con manos" (¡Este es Jesús!)
- Versículos 36 al 43—Una interpretación del Hombre de Metales

OBSERVACIONES

La porción de la cabeza de oro de la gran imagen representaba el primero de los cinco reinos en la visión. Babilonia tuvo a Israel en cautiverio por un período de setenta años en el tiempo de la visión.

El pecho y los brazos de la imagen simbolizan el reino medopersa que sucedió a Babilonia al final de los setenta años de cautiverio. Los dos brazos simbolizan las dos naciones, los medos y los persas. El reino medopersa era inferior al imperio babilónico como la plata al oro.

El vientre y los muslos simbolizan el imperio griego. (Se analiza información profética adicional en el capítulo ocho de Daniel.)

La imagen de la pierna de hierro simboliza el imperio romano que siguió a Grecia en la dominación de Israel. Este reino iba a ser más fuerte que todos los reinos anteriores, como el hierro es más fuerte que el oro, la plata y el bronce. Las dos piernas de hierro representan las divisiones oriental y occidental del antiguo imperio romano debido a su inmensidad.

Los pies y los dedos de hierro y barro representan el futuro imperio romano revisado, el quinto reino en la imagen que oprimiría a Israel en los "tiempos de los gentiles". Como última parte de la imagen, será destruida por la "piedra" del cielo. Al ser parte de hierro indica un Imperio Romano revivido. Los diez dedos representan las diez naciones que existirán en los últimos días antes del regreso de Cristo.

La "piedra" que hirió a la imagen simboliza el reino de los cielos, encabezado por el Señor Jesucristo, en su segunda venida, destruyendo los reinos del sistema mundial actual.

REINOS DESCRITOS COMO ANIMALES SIMBÓLICOS: DANIEL 7:1–8

El rey de Babilonia fue simbolizado por el león (Isaías 5:29). Las alas del águila también identifican a Babilonia, ya que se la compara con un águila (Jeremías 48:40). El león denota realeza, y el águila rapidez para sus conquistas sobre sus enemigos. El segundo reino, que era como un oso, fue el Imperio Medo-Persa. El oso es un símbolo apropiado por su crueldad, sed de sangre, robos y amor al botín (Isaías 13:16-18). Además, la especie más grande de oso se encuentra en las montañas de Media. El Imperio Babilónico fue conquistado por los medos y los persas alrededor del 530 a. C. cuando ingeniosamente construyeron una represa en el río Éufrates.

El leopardo es un símbolo apropiado del Imperio Griego fundado por Alejandro Magno. Este animal es conocido por su rapidez. Esto junto con las cuatro alas de un ave denota la doble rapidez de las conquistas incluso sobre Babilonia. Los griegos conquistaron el imperio persa en el 331 a. C. El versículo 6 continúa con "la bestia tenía también cuatro cabezas" como se predijo en Daniel 8, el Imperio Griego se desintegró cuando el primer rey, Alejandro, murió prematuramente. La predicción de las "cuatro cabezas" se hizo realidad cuando cuatro poderes desde dentro dividieron el reino en cuatro reinos menores. Daniel 8 revela de dónde vendrá el Anticristo.

Y he aquí una cuarta bestia, espantosa y terrible, la cual tenía diez cuernos; y entre ellos subía otro cuerno pequeño. Los versículos 7 y 8 son las primeras señales de un reino que aún no ha venido.

Puntos de Interés

- Es fascinante que Daniel escribiera acerca de eventos que él mismo no conocía ni tenía nada que ver con su cumplimiento posterior. El lapso de tiempo de los eventos por sí solo, sin incluir los diez cuernos, cubre más de quinientos años. Sería sabio concluir que si Dios puede predecir o quizás "administrar" quinientos años (desde Babilonia hasta el Imperio Romano), Dios puede predecir dos mil años.

- Es fácil ver por qué Daniel estaba tan afligido por las visiones, porque todas estas bestias tenían un factor común. Eran naciones gentiles que tenían dominio sobre Israel como la historia de hecho lo ha demostrado. ¿Por qué hay dos imágenes simbólicas diferentes para describir las mismas naciones? Tal vez sea para añadir mayor claridad a quiénes son las naciones y también para enfatizar su poder y, notablemente, para proporcionar más información sobre los griegos y los diez cuernos.

- Nótese también que el cuarto reino de los metales, Roma, no se menciona en los reinos de los animales. ¿Por qué? El "reino de los animales" representa a cada reino en el apogeo de su poder. Tan grande como fue la antigua Roma, será aún más grande cerca del fin de los tiempos. Las piernas de hierro que continúan en los pies denota una presencia romana que se sostendrá a sí misma. Y así ha sido. Más de dos mil años después, la cultura romana es conocida e incluso respetada en todo el mundo. Todavía está por llegar un reino romano modificado.

- Todos los reinos anteriores dominaron a Israel, pero no pudieron destruirlo. Si el patrón ha de continuar, Israel debe existir como nación una vez más para que se produzca una dominación válida. Y así es ahora. Todos conocemos el Mercado Común Europeo— es el hierro de los pies, pero ¿quién es el barro? El tiempo lo dirá.

CUATRO CUERNOS REVELADOS
DANIEL 8
El Carnero (Medo-Persia) y el Macho Cabrío (Grecia)

En Daniel 8:1-14 se da una visión del carnero y el macho cabrío antes de su interpretación. En el versículo 16, se dice al ángel Gabriel que haga comprender a Daniel la visión que vio. También se le dice a Daniel "al tiempo señalado, será el fin".

El intérprete identifica el macho cabrío como Grecia, y como sabemos, cuatro reinos se levantaron de la nación. El verso 23 dice "y en el último tiempo de su reino, cuando los transgresores lleguen a su plenitud", e implica que estas naciones permanecerán en existencia hasta que alcancen su pleno poder. ¿Quiénes son estas naciones? La historia de la respuesta, o mejor aún, ¡una enciclopedia hará maravillas! Las cuatro naciones que en un tiempo fueron representativas del Imperio Griego son hoy conocidas como las siguientes: Egipto, Siria, Turquía y Grecia.

El versículo 23 continúa con "un rey de rostro fiero...se levantará". ¡Esta es información sobre el Anticristo! En este punto, todo lo que sabemos es que vendrá de una de estas naciones. Sus perfiles:

- Egipto—una nación árabe; la religión es el Islam
- Siria—una nación árabe; la religión es el Islam
- Turquía—una mezcla árabe/europea; la religión es islámica

- Grecia—Mezcla europea; la religión es la Iglesia Ortodoxa Griega (la oriental está separada de la católica romana y la protestante); además, los musulmanes son la minoría religiosa más numerosa.

En cuanto a la configuración política actual del Mercado Común Europeo (ECM), Grecia es miembro de pleno derecho y lo ha sido durante algún tiempo, y Turquía ha solicitado recientemente su adhesión, pero su estatus está pendiente. El ECM ha dado argumentos oponiéndose a la solicitud de Turquía. Creo que hay motivos ocultos para la reticencia del ECM (por ejemplo, diferente tipo racial, religión diferente (islámica), forma de gobierno adversa) que podrían explicar su reticencia, aunque no lo admitan. En este punto me gustaría abordar la cuestión de la mejor escritura profética sobre la procedencia del Anticristo:

Daniel 11 trata proféticamente del futuro de la división de Grecia en cuatro reinos. Destaca las batallas de guerra entre el "rey del norte" que es Siria y el "rey del sur" que es Egipto. La serie de conflictos entre estas dos naciones comenzó a cumplirse en las Escrituras principalmente alrededor del año 200 a.C. El versículo 31 revela un acto de abominación desoladora que fue realizado por Antíoco Epífanes, un rey sirio. Odiaba a los judíos y profanó el templo judío sacrificando un cerdo en el lugar santísimo aproximadamente en el año 165 AC.

Ahora observa el verso 35 donde salta hacia adelante al "tiempo del fin". Sin embargo, la referencia a los reyes del norte y del sur continua en el verso 40. También los versículos 36-39 revelan claramente la personalidad del Anticristo. ¿Los versículos 40-43 detallan la conquista de cuál de las dos naciones? Es el rey del norte el que es empujado y luego se convierte en el agresor. El victorioso no es otro que Siria. Por lo tanto, la nación victoriosa debe ser también la nación dirigida nada menos que por el Anticristo... ¡Bravo!

Ahora se pueden sacar más conclusiones de este descubrimiento.

¿Podemos decir que será árabe? ¿Podemos decir también que el mejor candidato para firmar un tratado de paz efectivo con Israel es el que más lucha contra Israel—Siria? Parece bastante remoto que

Siria y Egipto puedan ser miembros de pleno derecho del ECM. Son tan diferentes como personas pueden serlo. Tendría que ocurrir algo dramático, y entre los dos, Siria, debido a su etiqueta de terrorista, parece imposible que sea bienvenido como miembro. Esta distinción es un punto crítico a considerar del que nos ocuparemos más adelante.

He detallado todo esto para quizá llevarnos a una observación peculiar. Y es la siguiente—¿Podría un escenario presentar una situación en la que los árabes, debido a su logística, simpatía (a causa de la Tormenta del Desierto), mayor fuerza militar, justicia política para un Nuevo Orden Mundial y, por supuesto, petróleo para la estabilidad económica, fueran aceptados? Además, ¿podrían ser los árabes la arcilla? La arcilla es flexible pero débil.

LA PROGRESIÓN PROFÉTICA DEL REINO DE LOS DIEZ CUERNO
DANIEL 7:15–28

En este punto hemos visto la Escritura que predice el Reino de los Diez Cuernos, la identificación de cuatro de los diez cuernos, la revelación de dónde vendrá el Anticristo, y más notablemente, hemos ganado confianza en el poder de la Palabra Profética de Dios concerniente al cumplimiento previo de los reinos pasados. En retrospectiva, habría que preguntarse: "¿Quién se beneficia más de estas revelaciones proféticas?". Ciertamente no benefician mucho a los imperios anteriores. Sin embargo, digamos que necesitaríamos que ocurriera el futuro para descifrar el pasado. En otras palabras, es el propio futuro el que abre la llave de Su plan. Disfruta de este pensamiento por un momento y tendrás una idea de Su poder. Sigamos con la palabra profética.

Daniel 7:24 dice: "Y los diez cuernos de este reino son diez reyes que se levantarán; y después de ellos se levantará otro, el cual será diferente del primero, y derribará a tres reyes". El consenso general es que los cuatro cuernos serán parte de los diez cuernos antes de que llegue el Anticristo. Aunque no niego la posibilidad, existe la posibilidad de un escenario ligeramente diferente. Creo que solo tres de los cuernos revelados serán aceptados por el ECM. Esas tres naciones son Egipto, Turquía y Grecia.

Debemos recordar que el Anticristo firmará un tratado con Israel. Israel tiene poco que ver con la entidad de diez cuernos hasta que la Bestia (el Anticristo) obtenga el control del reino. Por lo tanto, existe un potencial real para que se firme un tratado de paz independientemente del ECM. Fuertes corrientes subterráneas ya están apoyando a Siria como nación líder árabe en la negociación de la paz con Israel. Sin embargo, la Bestia no aparecerá en escena hasta que el Reino de los Diez Cuernos se haga realidad. Cada fuerza es independiente hasta que la Bestia venza a tres de los cuernos, obligando así a las otras a entregarle también su poder. La etiqueta terrorista de Siria y su pasado agresivo respaldan esta observación.

Otro punto de interés es que el ECM actual tiene muchas más naciones (doce) que el ECM futuro que he predicho. Si cuatro de los cuernos que se revelan son naciones árabes, el ECM sólo tendrá seis o, como máximo, siete naciones que representan un "imperio romano revivido". La sabiduría dicta que habrá un cambio tremendo en el gobierno mundial de una magnitud nunca antes vista. El Señor está mostrando a quienes se atreven a considerar Su Palabra en operación, y es para Su gloria y Su poder que estas cosas puedan ser conocidas.

Debemos reconocer y aceptar el potencial de cambio y las tensiones que estallarán debido a esos cambios. Por ejemplo, Estados Unidos y la Unión Soviética se aferran desesperadamente a tácticas de "vieja política". Han dominado la opinión mundial durante casi cincuenta años y ahora están "ambos al mismo tiempo" en serias dificultades. La Operación Tormenta del Desierto aceleró la vulnerabilidad de los Estados Unidos y, de una manera extraña, unió a un mundo dividido que casi rogaba por un Nuevo Orden Mundial. Además, las repúblicas recién formadas de la URSS, la reestructuración de Europa para facilitar la política de un solo gobierno, incluido el resurgimiento de Alemania, y el malestar civil mundial están creando posibilidades inquietantes e infinitas. Y siempre existe el potencial de consolidación debido a la desesperación. Mira todas las mega fusiones que se están llevando a cabo en los Estados Unidos. Siento un fenómeno similar de nación en nación. El mundo está entrando en la etapa de lo desconocido y aún debe ocurrir mucho antes de que la Bestia sea revelada.

Daniel 11:35-45 da más detalles sobre la conquista de la Bestia, que incluye la conquista de aún más países. Miguel, el arcángel, es el príncipe que defiende a Israel en el reino angelical. Ya no dudo de esto, porque debe haber alguna fuerza que orquesta el cumplimiento preciso de la profecía. Daniel 10 revela aún más—a quienes se atreven a creer—el reino angelical en guerra. Esto concluye las referencias a los diez cuernos en el Libro de Daniel.

LOS MISTERIOS DEL LIBRO DE APOCALIPSIS CON RESPECTO A LA BESTIA Y EL REINO DE LOS DIEZ CUERNOS

Apocalipsis 10:1–11 PROPORCIONA MÁS INFORMACIÓN sobre la Bestia y su reino además de lo que ya sabemos—diez cuernos sostenidos por siete cabezas. Observe que el versículo 2 hace referencia a la misma figura simbólica que se encuentra en el Libro de Daniel. (Maravíllate ante el hecho de que más de seiscientos años separaban estos dos libros e Israel, la nación, estaba en condiciones muy diferentes). Gran parte de Apocalipsis 13:18 se explica por sí sola; sin embargo, observa lo que sucede en el versículo 11. Dice: "Después vi otra bestia que subía de la tierra; y tenía dos cuernos como de cordero". ¿Podría ser que esto se refiera al Falso Profeta de Israel—el falso mesías de Israel? El "Cordero" siempre se ha referido a Jesús (ver Apocalipsis 5), pero aquí se utiliza la letra minúscula "l" de cordero. Además, ¡la Escritura nunca ha descrito a Jesús como un cordero con dos cuernos o incluso con uno!

Hay información interesante sobre el reino con cuernos en Apocalipsis 17 que me gustaría revelar. En los versículos 9 y 10, a las siete cabezas se les dan dos significados. Son:

1. Siete montes—"Siete cabezas son siete montes, sobre los cuales se sienta la mujer" (versículo 9), y el versículo 18 nos dice que "la mujer… es la gran ciudad que reina sobre los reyes". ¿Qué ciudad está rodeada por siete montes? Roma lo es, y es de hecho una gran ciudad. La Ciudad del

Vaticano, una ciudad dentro de otra ciudad, es la sede de la Iglesia Católica Romana. ¿Encontramos referencias a esta religión como la Babilonia del Misterio? ¿Los diez cuernos tendrán su sede en Roma, aunque separados de la iglesia? Aquí hay una sorpresa más: ¡La ECM de hecho tiene su sede en Roma! Extrañas coincidencias; ¡extrañas, de verdad! Se dirá más sobre esto en otro número.

2. Siete reyes—En el versículo 10, las siete cabezas también son descritas como "siete reyes". Esto es una referencia a todas las naciones gentiles que han dominado a Israel. Se basa en el simbólico "Hombre de Metales" de Daniel 2. Se revelaron cinco desde el tiempo de Daniel hasta el fin de los tiempos. Dos naciones gobernaron a Israel antes de este tiempo. Este es el desglose:

- Egipto—caído
- Asiria—caída
- Babilonia—caída
- Medo-Persia—caída
- Imperio griego—caído
- Imperio romano—actualmente (en el momento de escribir esto)
- Diez cuernos—por venir
- Bestia y diez cuernos—último en venir

Esto concluye esta serie sobre la Bestia y los diez cuernos. Como puede ver, hay mucho que necesita ser desarrollado. Así que, parece que todavía hay tiempo, pero debería estar claro que el escenario está siendo preparado. Hay simplemente demasiados potenciales en esta década.

El hecho mismo de que una persona como yo haya recibido perspectivas divinas sobre este tema difícil es evidencia de lo cerca que estamos. El rapto, un evento que podría suceder cualquier día, ha sido un suceso esperado durante mucho tiempo. Desafortunadamente, pocos creen verdaderamente en el rapto, incluida la mayoría dentro de la fe cristiana. Y es esta incredulidad la que traumatizará a los santos que se queden atrás. La puerta seguirá abierta, pero muchos, si no todos, serán probados y el sufrimiento será la norma. Los que salgan adelante, ya sea como sobrevivientes después del Armagedón o mediante una muerte sacrificial en el nombre de Jesús (los santos de la tribulación), son en quienes más pienso.

No seamos como los fariseos, que lo sabían todo en su orgullo religioso. Su error debería ser nuestra ganancia—considéralo y se en aceptable para el Señor. Sea cual sea su doctrina o denominación, revísala para asegurarte de que sea la verdad (bíblicamente hablando). Si te resulta difícil creer en el poder del Señor tal como se demuestra en la Biblia, puedo asegurarte que el poder no será de mucha ayuda en tu hora de necesidad. Siento que es el rapto en sí lo que ayudará enormemente a acelerar todos los eventos futuros aparentemente imposibles. Una vez que consideres el rapto, todas las cosas se vuelven posibles. Concluyo con este pensamiento: "Es, pues, la fe la certeza de lo que se espera, la convicción de lo que no se ve." (Hebreos 11:1).

Gregory A. Booker

PARA QUE CONSTE EN REGISTRO—COMO reflexión posterior de este día (23 de julio de 1992), solicito a mis lectores que consideren las fechas en que se escribieron mis cartas. La primera página de cada carta tiene una fecha, y todas las cartas no tardaron más de tres días en completarse. La primera carta tardó sólo dos horas. Considera esta información—la primera carta se escribió antes de la Operación Tormenta del Desierto (agosto de 1990). La segunda y la tercera cartas profetizaban un tratado de paz que vendría, y no se intentó hasta septiembre de 1991 entre Israel y los árabes. La URSS no se disolvió hasta enero de 1992, y las catástrofes climáticas se han intensificado, creando cargas. Que estas ideas respalden aún más mi llamado y el tuyo.

CARTA V

Fechada el 6 de mayo de 1991

¿Quién es Misterio Babilonia? Juan 21:15–25

JUAN 18 REVELA LA NEGACIÓN de Pedro de estar con Cristo durante el juicio, como Cristo había profetizado que Pedro haría, no una sino tres veces. Y así fue. En Juan 21:15-17, Cristo, después de su resurrección, se acerca a Pedro mientras están pescando y le pregunta a Pedro durante la comida: "Simón... ¿me amas?" tres veces, y Pedro responde de forma afirmativa las tres veces. A continuación, Cristo ordena a Pedro "apacienta mis ovejas" también tres veces.

¿Está Jesús aclarando la negación anterior de Pedro al hacerle confesar su amor tres veces y posteriormente dar instrucciones a Pedro para que apaciente a sus ovejas sin culpa? De hecho, Pedro predicó el Evangelio, como demuestran los dos libros escritos por él—Primera y Segunda de Pedro. También se le consideraba el líder de los discípulos.

En Juan 21:18-19, Jesús le revela a Pedro información sobre él mismo. Pedro siempre hizo lo que quiso; sin embargo, es evidente que ha decidido caminar según Cristo. Cristo sabía que lo haría. "Pero cuando seas viejo" (una predicción en sí misma) "extenderás tus manos". ¿Podría Jesús estar revelando a Pedro el momento de su muerte y también que su muerte glorificará a Dios? Pedro, de hecho, glorificó a Dios al pedir que su crucifixión en la cruz fuera al revés, pues no era digno de morir de pie como Cristo. La muerte de Pedro ocurrió aproximadamente cuarenta años después. Sin embargo, nota que Cristo le revela a Pedro algo más en el versículo 18. Después de su muerte, "y otro te ceñirá, y te llevará adonde tú no quieras". La historia ha confirmado el caminar de Pedro en Cristo, y debe reconocerse que Cristo podría estar hablando proféticamente, considerando que la muerte de Pedro no ocurrió sino hasta cuarenta años después. ¿Quién es el "otro" y por qué Jesús se lo revela a Pedro?

En los versículos 20-21, Pedro recuerda inmediatamente la situación de la Última Cena, cuando Juan hace la pregunta de quién traicionará a Jesús. (Para más detalles, lee Juan 13:21-30.) Sin embargo, esto se refería a Judas, que ya se había ahorcado. Pedro se muestra a Jesús, sin identificar a Juan, pero implicándolo al "girar" en dirección a Juan, y pregunta a Jesús: "¿Qué hará éste?".

¿Podría ser éste otro ejemplo de la impulsividad de Pedro, que se confunde y "piensa" que Juan también traiciona a Jesús? Creo que Pedro está en el tema correcto (la traición) pero está pensando en el pasado en la persona equivocada (Juan). Al fin y al cabo, Cristo está hablando del futuro y Cristo mismo no hizo ninguna referencia a Juan—ese fue el error de Pedro. Jesús intenta corregir la falsa suposición de Pedro en el versículo 22: "Si quiero que se quede hasta que yo venga... ¿me sigue?". Aquí se dice algo, sin decirlo en absoluto.

Llegados a este punto, hay dos hechos claros. Primero, nuestro tema de preocupación es que la traición ocurrirá, y el versículo 18 también implica que será como Pedro no quiere. En segundo lugar, la historia revela que Juan nunca traicionó a Pedro ni a Cristo. Más tarde también escribió libros del Nuevo Testamento. Por lo tanto, estos hechos deberían reconocer que la implicación de Pedro sobre Juan estaba en un error. Jesús no es el autor de la confusión. Sin embargo, ¿podría Pedro estar confundido y es la suposición de Pedro que Jesús está hablando de un hombre?

Creo que Cristo está proporcionando a las generaciones futuras una traición por venir en el nombre de Pedro. La clave está en el "hasta que yo venga". Esto implica algo único, a lo que los apóstoles aludieron en el versículo 23 cuando dijeron: "que ese discípulo no muera". ¿Podría nuestro Señor estar revelando a un ser espiritual que ciertamente puede quedarse hasta que yo venga... sí quiero? Todos los hombres deben morir; por lo tanto, Juan no podría cumplir la condición "hasta que yo venga". Han pasado casi dos mil años y contando.

¿Podría nuestro Señor estar advirtiéndonos de un ser espiritual que ha de venir en nombre de Pedro y también está Cristo exonerando a Pedro de toda culpa?

Conclusión

Una vez más, ¿puede el futuro desbloquear el pasado? ¿Quién es "y otro"? El tiempo revela una vez más el poder de la Palabra del Señor. El "Ángel de la Luz", el adversario de Dios—¿es él "y otro"? La historia confirma que la Iglesia Católica Romana está fundada sobre el nombre de Pedro. Sin embargo, Pedro estaría más que feliz de decir a todos que él no es el fundador de la Iglesia Católica Romana. Incluso los libros de historia revelan que fue el deseo de la Iglesia Católica Romana seleccionar el nombre de Pedro. La línea de los padres apostólicos que el catolicismo reclama no es una doctrina bíblicamente reconocida.

He revisado otras interpretaciones bíblicas sobre esta parte del Libro de Juan y las he encontrado deficientes. Los judíos estaban a menudo confundidos por las revelaciones que Jesús les mostraba. Los judíos hacían todas las preguntas, exponiendo su ignorancia, mientras que nosotros, los gentiles, recibíamos las respuestas sin tal "riesgo público". Este es otro ejemplo de la raíz. No me sorprende que Pedro estuviera confundido. Hay una tremenda cantidad de trasfondos proféticos a lo largo de los libros del apóstol. ¿Habría sido más sabio en su tiempo? Sinceramente, tengo mis dudas.

BABILONIA MISTERIOSA—UN SISTEMA RELIGIOSO FALSO

Apocalipsis 17

De todos los capítulos del Apocalipsis, el capítulo 17 es el más desgarrador de analizar. No deseo las verdades que revela nuestro Señor, pero las acepto de todos modos. Es triste que un engaño así pueda vencer a tanta gente a lo largo de las generaciones.

El Apocalipsis fue escrito aproximadamente en el año 95 d.C. El error que tanto los judíos como los gentiles cometieron contra el Sin Pecado, Cristo, selló el destino del hombre. Primero, los judíos soportaron la destrucción del Templo judío en el año 70 d.C. y su posterior y eventual dispersión mundial. Luego, los gentiles son evidentes en el Apocalipsis. ¡Hay incrédulos en ambos grupos, si no en Dios, entonces en Su Palabra!

¿Podemos decir que Cristo, más que cualquier hombre que haya vivido en este planeta, no merecía tal muerte, debido a su naturaleza sin pecado a lo largo de sus pruebas y crucifixión? Y si hay alguien que debe juzgar los pecados de la humanidad, es Él y sólo Él quien si es digno. Dios nos ha mostrado Su justicia y que Él no permitirá ni puede permitir que el hombre en su estado pecaminoso tenga un lugar en Su reino. Porque si se le permite a uno, entonces se le deben permitir a todos, incluyendo al verdadero adversario de Dios, el primer pecador que eligió el libre albedrío por sobre la voluntad de Dios, nadie menos que Satanás. Si Satanás no pudo derrotar a Cristo en la carne, no tiene absolutamente ninguna esperanza en el Día del Juicio. El adversario ahora trabaja mediante el engaño, constantemente y sin misericordia. Se le llama "apareciendo" como un Ángel de Luz. He preguntado, ¿por qué se le permite ser tan efectivo en sus obras? La respuesta es nuevamente una de simplicidad: Adán eligió lo mismo que Satanás y eso fue el uso del libre albedrío, también conocido como mi voluntad y, finalmente, yo quiero.

Ahora está tan claro que la mejor voluntad es la voluntad del Creador. Porque es Su voluntad la que sabe lo que es mejor para la creación. Y la Biblia revela claramente Su voluntad mientras que el hombre desea el libre albedrío. ¿Puede decirse que el libre albedrío es el vehículo que permite que exista el pecado? ¿Puede uno tener libre albedrío y, sin embargo, estar libre de pecado? ¿No logró Cristo mismo esta hazaña como ningún otro? Dios dice: "Todos nacemos pecadores". Sí, todos nacimos con libre albedrío también. Creo que el reino angelical tiene libre albedrío; sin embargo, la gloria del poder de Dios fue tan absorbente que eligieron, sin cuestionarlo, la voluntad de Dios hasta que una creación conocida como Lucifer pronunció las palabras... "Yo quiero" (1 Juan 3:4-10 y Ezequiel 28:12-19). El hombre parece haber sido creado para permitirle al adversario una oportunidad de presentar su caso. Y Dios, una vez más, saca lo mejor de lo mínimo. Dios deja muy en claro que el hombre, en su estado actual, tiene un principio y un final. El hombre, utilizando el libre albedrío, busca contradecir las conclusiones de Dios, y el adversario interviene para ayudar al hombre a utilizar su libre albedrío mediante el engaño.

El misterio de Babilonia es la culminación del engaño más extendido desde la ascensión de Cristo. Sus comienzos se revelan de manera notable en Juan 21:15-25. Este pasaje es el último del último evangelio, las palabras finales a Pedro. ¿No es Juan quien escribió el Libro del Apocalipsis y agregó claridad a este "y otro" tal vez se exculpe a sí mismo? Soy un firme creyente de que en algunos casos se requiere que ocurra el futuro para conocer el pasado. El misterio de Babilonia se está volviendo menos un misterio y más un hecho. Medimos las palabras de verdad.

¿PUEDE SER REVELADA LA MISTERIOSA BABILONIA?

Una Visión General del Cristianismo

Veamos de cerca a lo que la historia ya nos ha proporcionado. Este es mi intento de presentar, ante todos, prácticas doctrinales básicas que existían mucho antes de que se pensara en nuestra generación, y de proporcionar una comprensión general de que, si bien hay muchas doctrinas, solo hay una verdad y una sola fuente de la verdad. Que se sepa que la Biblia apoya las doctrinas, pero no apoya la doctrina que se desvía de la Biblia. La Biblia representa la perspectiva de Dios, y es Su perspectiva la que deseo revelar. Que el Espíritu de Verdad sea mi guía en este desafiante tema. ¿Comenzamos?

Desde la época de los apóstoles hasta el año 300 d.C., el cristianismo se extendió por todo el Imperio Romano, a pesar de la persecución frecuente. En el año 313 d.C., Constantino el Grande concedió tolerancia religiosa a los cristianos. Este período también estuvo marcado por la definición de los dogmas cristianos y por el reconocimiento de la supremacía del obispo de Roma. San Lino está registrado como el primer obispo de Roma después de la muerte del apóstol Pedro.

El crecimiento de la autoridad papal fue gradual. Después de la destrucción de Jerusalén en el año 70 d.C., las iglesias de todo el Imperio Romano comenzaron a buscar el liderazgo de la iglesia de

Roma. Dado que la iglesia era virtualmente la única influencia civilizadora e intelectual en Occidente durante la Edad Media, se volvió costumbre remitir cuestiones espirituales, morales e incluso políticas al Papa.

La Rama Católica

Los católicos creen que su iglesia es de origen divino. Creen que Jesucristo creó su Iglesia cuando le dijo a Pedro: "Tú eres Pedro, y sobre esta roca edificaré mi iglesia…" También creen que Cristo garantizó que Pedro y sus sucesores serían divinamente preservados de error al predicar las verdades que se les habían confiado. Por lo tanto, el papa nunca puede equivocarse cuando habla sobre la fe y la moralidad. Los católicos muestran una veneración especial por la Santísima Virgen María. Le rezan y ella intercede ante Cristo por ellos. *Doctrina Católica Clave*

1. La iglesia es una en doctrina, autoridad y adoración.
2. La iglesia es apostólica—desciende en línea directa del apóstol Pedro—y es la única iglesia desde el tiempo de los apóstoles.
3. Es católica o universal. No solo es fiel a la misión de Cristo de enseñar a todas las naciones, sino que también, y solo ella, tiene el cuerpo completo de la verdad enseñada por Cristo.
4. La iglesia es santa. Lleva el mensaje vivo de Cristo al mundo. La iglesia tiene un poder que "ayuda" al hombre a alcanzar la santidad.
5. La iglesia ordena el purgatorio, un lugar o estado de castigo en el que las almas de quienes mueren en la gracia de Dios pueden hacer satisfacción por los pecados pasados y así ser aptos para el cielo.

Puntos para Reflexionar
- Aunque creo que las primeras intenciones de los papas apostólicos eran permanecer fieles a las enseñanzas de Pedro, es muy claro que ese seguimiento puro no continuó.

- Observa también cómo su doctrina le da a una "persona" control divino, lo que también le da "poderes divinos" sobre sus subordinados.
- La longevidad de la iglesia es peculiar, especialmente cuando consideramos en Daniel 2:40-43 la presencia continua del hierro (el Imperio Romano) en los pies cerca del fin de los tiempos. Si hay algo que recuerda al antiguo Imperio Romano, ¿no es la ciudad de Roma y su iglesia, la católica romana?
- La flagrante doctrina antibíblica del purgatorio es en sí misma suficiente para revelar un sistema religioso falso. Es asombroso que a pesar del obvio error, más de la mitad de los cristianos sean católicos romanos.
- ¿Podría ser el engaño que, si bien aceptan la divinidad de Cristo, invalidan a los escritores bíblicos al "añadir doctrina"? Pregunto a todos—¿quién se beneficia verdaderamente con esta táctica y dónde está la Biblia?
- Observen también cómo los católicos "comparten" la divinidad de Cristo al orar a María, confesar sus pecados y recibir perdón de un sacerdote y de éste, y también reconocer a otro hombre como "padre". Es como si esto fuera un intento de reemplazar a Dios y al Hijo. ¡Ciertamente no veo esto como una glorificación de nuestro Creador y Su obra!

LA RAMA PROTESTANTE...UNA RESPUESTA

El término "protestante" surgió en Alemania a partir de la protesta de los líderes de la Reforma contra las decisiones de la mayoría católica alrededor de 1550 d.C. La protesta defendió la libertad de conciencia y los derechos de las minorías. La Iglesia protestante se convirtió en una de las tres divisiones principales del cristianismo, junto con la rama católica romana y la ortodoxa oriental.

Doctrina Protestante Clave

1. La Biblia es la autoridad principal en materia de fe y práctica. Los protestantes conservadores tienden a interpretar la Biblia literalmente.
2. Creen en un "sacerdocio universal" de creyentes, en el que todos tienen acceso a la gracia de Dios sin la mediación de un clero ordenado. También creen en la salvación y la justificación por la gracia de Dios a través de la fe solamente. La gracia de Dios no se gana con buenas obras como en el catolicismo. Y creen que el hombre tiene libre albedrío para aceptar o rechazar la gracia.
3. No creen en una institución fundada sobre la autoridad divina del clero.
4. También creen en el derecho al juicio privado en la religión.

Puntos para reflexionar

- Parece que la verdad tiene una forma de revelarse después de que se magnifica el engaño. La Iglesia Protestante surgió debido al rechazo de lo que era el catolicismo.
- Observa el énfasis en la Palabra de Dios, la Biblia y la gracia de Dios.
- Reconocen que Cristo es un Salvador personal para el individuo y que la salvación no está garantizada por ninguna denominación.
- Tengamos en cuenta que también hay "problemas" en esta rama. Muchas doctrinas cuestionables han sido llamadas "inspiradas" porque no son de los escritos de los apóstoles (La Biblia). ¡Tenga cuidado con ellas! La Biblia está completa y la fuente principal de inspiración es la "interpretación divina" de la Palabra de Dios. Y la pureza de la inspiración se basa únicamente en el ministerio de Cristo y solo en Cristo.

ANÁLISIS BÍBLICO DE APOCALIPSIS 17
¿DE QUÉ ES CULPABLE BABILONIA MISTERIOSA Y QUIÉNES SON LAS VÍCTIMAS?

El versículo 6 de Apocalipsis 17 proporciona una respuesta muy vívida. "Ella" era culpable de estar embriagada con la sangre de los santos y mártires de Jesús. Es peculiar que se haga referencia a dos clases de la misma clase de creyentes. ¿Por qué la separación? Los santos son aquellos que son martirizados durante el periodo de tribulación que está por venir. Sin embargo, los martirios de Jesús proveen una pista interesante en cuanto a la longevidad del crimen del que "ella" es culpable. "Ella" parece ser culpable solamente desde el comienzo del tiempo de Cristo, particularmente desde el desarrollo temprano de la iglesia cristiana y a través de su historia.

La Babilonia literal no tiene ningún impacto aquí, y la historia revela que la mejor manera de desafiar a una religión es hacerlo con otra religión. La historia también revela que el Imperio Romano y su iglesia, el Catolicismo Romano, han sido culpables de martirios a través de muchos siglos y muchas tierras sobre aquellos que deseaban la verdadera doctrina cristiana como está escrita.

En el versículo 1, Jesús llama a Misteriosa Babilonia una gran ramera. En los versículos 3, 4 y 6, Juan (el escritor) simplemente la llama mujer. ¿Por qué? El término "ramera" se usa frecuentemente para simbolizar un alejamiento espiritual de Dios y de Sus verdades por parte de un individuo, ciudad o nación. El Señor sabe que este gran alejamiento de Sus verdades está por venir y lo advierte a todos. Pero desde la perspectiva de Juan, él ve a una mujer, una mujer hermosamente adornada. La admira, sin reconocer su engaño. Juan enfatiza la apariencia como aceptación. Tal y como sucede hoy en día. Nuestro Señor revela dos "puntos de vista" diferentes— el Suyo y el del hombre. Por eso en el versículo 7 el ángel dijo: "¿Por qué te maravillaste?".

En los versículos 2 y 4, "ella" es culpable de otro pecado—sus actos de fornicación. El versículo 5 la identifica como Madre de Rameras. El término "rameras" se refiere a las muchas ramas que han brotado de ella y han sido tan apóstatas como ella. La fornicación indica un acto de engaño espiritual aplicado a un individuo antes de que sea capaz de conocer la verdad por sí mismo, provocando así que los "reyes" crezcan bajo ella y se adhieran a ella, como tan a menudo ha sido el caso. Una vez católico, ¿no lo es siempre por nacimiento?

¿No está contaminado desde el principio? Una buena manera de asegurarse la pertenencia, pues el problema no es entrar, sino salir.

EL ÁNGEL INTERPRETA

En el versículo 7, el ángel aclara a Juan que "contará el misterio de la mujer". Veamos qué tipo de pistas da el ángel sobre la mujer. En el versículo 9, el ángel nos dice dónde se sienta la mujer, o en otras palabras, dónde se encuentra. Ella monta la bestia de diez cuernos con sus siete cabezas que representan siete montañas. ¿Significa esto que ella se encuentra dónde está rodeada por siete montañas? Y aquí está la sabiduría— la ciudad de Roma está rodeada por siete montañas. Consulten sus enciclopedias, por favor. Pero, ¿es la mujer una ciudad?

En el versículo 18, el ángel aclara que la mujer también representa una ciudad, una gran ciudad. Roma no es oscura, ¡pero sí es una gran ciudad! Los diez reyes también estarán en esta ciudad. Hasta la fecha, el Mercado Común Europeo tiene allí su sede, aunque los diez reyes no han llegado a la estructura política definitiva.

Advierto a todos que Roma es un respetado agente de poder en el mundo actual. Ya sea que apoye asuntos políticos o religiosos, sus opiniones son difundidas y publicadas en todo el mundo. Por favor, ten cuidado con tus puntos de vista. No sugiero una declaración general de desacuerdo con sus políticas. Basta con sopesarlas a la luz de estas alarmantes coincidencias. ¡Alarmantes, desde luego!

En el versículo 15, la ramera tiene seguidores de muchas naciones, pueblos, lenguas y multitudes. Y así la Iglesia Católica Romana tiene seguidores tan diversos... otra coincidencia. El verso 1 también declara que ella se sienta sobre "muchas aguas".

En los versos 16-17, el juicio es pasado, y los diez reyes vienen contra el sistema religioso y la destruye. Es notable que se da la ubicación real. El reto en estos descubrimientos es creer a lo que se alude literalmente. En la época de los escritos, Roma probablemente no merecía un juicio tan profundo. Pero Dios conoce el poder de Su adversario, que es un Ángel de Luz, y la falta de voluntad del hombre para considerar Sus verdades y sólo las Suyas. Y aquí está la sabiduría: Babilonia Literal (una religión basada en la adoración de ídolos, hechicerías, brujería, astrología, etc.) donde predominaban las creencias anteriores del hombre. Así que después de que Dios dio a conocer la verdad a través de Cristo, Misterio Babilonia se convirtió en la herramienta predominante utilizada por el adversario. Ambas volverán a fructificar en estos tiempos presentes. He visto evidencia de la Babilonia Literal tomando forma, y es muy peculiar ver artículos publicados que vienen de Roma sobre las opiniones de un líder espiritual de un grupo llamado Caldeos del Rito Católico con base en Babilonia de Irak.

Sí, Babilonia la ciudad está siendo reconstruida en este momento, un vínculo peculiar y tal vez mortal. ¡Estén prevenidos! La hora final de la vida tal como la conocemos podría ser una súplica desesperada de supervivencia por parte de los incrédulos. Nosotros que creemos a pesar de las pruebas veremos la gloriosa venida de Jesús. Dios no tiene ningún deseo de destruir lo que Él creó, pero los incrédulos lo niegan. Entonces, ¿qué debe hacer cuando llegue el momento de que nuestro Señor y Salvador Jesucristo gobierne? El escenario está siendo preparado, y el adversario no tiene nada que perder porque ya ha perdido. Por lo tanto, fortalézcanse, deseando la verdad incluso si duele. La verdad siempre los salvará del error. ¡Estén prevenidos!

LA VERDAD DEFINIDA Y REQUERIDA ¡La Biblia es… la Verdad Definida!

Jesús dejó once discípulos para revelar su obra de salvación al mundo. Por inspiración divina emitida por el Espíritu Santo, siete de sus discípulos escribieron doce de los libros del Nuevo Testamento. Ahora son mejor conocidos como los Apóstoles de Jesucristo.

El apóstol Pablo fue comisionado aparte de los discípulos con el propósito principal de predicar a los gentiles. Pablo fue un ejemplo de cómo Dios tomó a la persona menos probable (como Saulo de Tarso, era un fariseo que odiaba y perseguía a los seguidores de Cristo) y lo usó para glorificar el poder y la misericordia de nuestro Señor. ¿Cómo pudo un individuo estar tan en contra de Cristo, y después del encuentro en el "camino a Damasco", hablar de repente tan elocuentemente por Él y escribir más libros del Nuevo Testamento que todos los discípulos juntos?

Estoy convencido de que solo un mandato directo de llenar a Pablo con el Espíritu Santo podría lograr un cambio tan dinámico y puro. Ninguno de los escritores tenía libros para leer, y debemos recordar que la mayoría eran pescadores. Sus escritos han resistido dos mil años de desafío, pero, las palabras permanecen tal como Cristo las reveló. Dios está verdaderamente mostrando Su poder. Digo todo esto para dejar en claro un punto. De hecho, hay una contención intencional de la Palabra de Dios. El Libro de las Revelaciones, escrito por Juan, el último apóstol vivo de Cristo, hace un espléndido trabajo al concluir la Palabra de Dios al hombre. Por lo tanto, ¿sobre qué base obtenemos tantos "otros puntos de vista" que claramente no están de acuerdo con la Biblia? ¿Es intencional o preferencia o simplemente ignorancia deseada mejor conocida como libre albedrío?

Midamos la verdad... ¡por ejemplo! Hay un versículo que nos da mucha información sobre lo que respalda la verdad. Nuestro sistema judicial se basa en este mismo principio. Marcos 14:56 dice: "Porque muchos decían falso testimonio contra él, más sus testimonios no concordaban.". Mucho se dice... ¡examinemos!

Si una víctima es acusada por sus agresores y, bajo interrogatorio separado, sus testimonios no concuerdan, pierden credibilidad y el testimonio de la víctima es pesado como la verdad. Ahora analicemos:

- El Islam llama a Jesús un profeta pero no el Hijo de Dios.
- Los Testigos de Jehová llaman a Jesús un arcángel.
- Los católicos romanos equiparan a María Inmaculada con Jesús (degradación). Nota: ¡El Espíritu Santo es nuestro único intercesor!
- Los mormones consideran a Jesús un hijo de Dios que hizo una gran obra, pero no el Hijo de Dios, Señor de Señores y Rey de Reyes.

¿Ve que dan falso testimonio porque no están de acuerdo, sino que eligen creer lo que desean sin tener en cuenta el testimonio de Cristo? Por lo tanto, ¿no pierden credibilidad y Cristo, la víctima, Sus palabras se mantienen firmes como la verdad? Sin embargo, en su intento de ser legítimos, hay una observación reveladora. Todos usan la Biblia como punto de partida y *luego* presentan sus opiniones como doctrina. ¿Es inspirada o es un engaño respaldado por la preferencia (libre albedrío)? El adversario de Dios es en verdad un Ángel de Luz. Establece una línea apostólica de padres similar a la descendencia de David, exige que se le llame "padre", tiene una doctrina que no tiene respaldo bíblico, y sin embargo su iglesia es aceptada y respetada en todo el mundo, ¡un engaño que solo puede ser derrotado por la verdad!

Es importante enfocarnos en lo obvio que puede pasarse por alto sorprendentemente cuando la pregunta es "¿Qué es la verdad?". Digamos que Dios mismo es el orquestador de la Biblia. Ni una sola palabra carece de Su inspiración. Todos los escritores del Nuevo Testamento estaban bajo el control directo del Espíritu Santo. Dices, ¿dónde está la prueba?

Los únicos escritores del Nuevo Testamento fueron aquellos que fueron testigos directos de la naturaleza divina de Jesús. Pablo fue la excepción; sin embargo, el uso de alguien como Pablo añade una tremenda credibilidad a todos los escritores. Ningún hombre tan alejado de los discípulos originales y de Cristo mismo podría haber armonizado sus escritos con los otros escritores del Nuevo Testamento sin la intervención divina. En otras palabras, Dios ha usado ocho testigos y ninguno... no, ni uno... está en desacuerdo con el otro.

¿Está definida la verdad o no?

EN CONCLUSIÓN

COMO UNA ÚLTIMA PALABRA de precaución, cuando se examina la información detallada proporcionada por Apocalipsis 17 sobre el Misterio de Babilonia, es absolutamente notable lo clara que se presenta la imagen. La Iglesia Católica Romana con su doctrina errónea se fundó en el engaño en su comienzo. Dios claramente tiene un día señalado para su caída. Todo lo que puedo decir en este punto es que el hombre tiene libre albedrío y debe elegir juzgar la doctrina y, sobre todo, desearlo, si no insistir en conocer la verdad. Esa es quizás la función más importante de la Biblia y la provisión principal del Espíritu Santo. Pero hay que hacer la pregunta para que Él pueda dar la respuesta.

Dios desea a los "mansos", no tanto a los débiles. Los débiles se mantienen firmes para seguir en cualquier dirección, llamándose fuertes en número, pero los mansos se esforzarán por usar la discreción. El carácter tiene mucho que ver con la forma en que caminamos. Es la Palabra del Señor lo que los mansos escuchan. El mundo se mide por Su Palabra. Advierto a todos que las doctrinas no siempre siguen Su Palabra. Pueden llevar la Biblia, pero no la examinan completamente. Sacan lo que quieren, pero no lo que realmente necesitan para asegurar la salvación del alma.

Para terminar, quiero aclarar mis intenciones con respecto a la Iglesia Católica Romana. Si bien es una institución religiosa que se desvía de la Biblia, ¡no es la única! ¿Acaso el Islam, el hinduismo, el budismo y otras innumerables no califican también como un sistema religioso falso? Sin embargo, la Iglesia Católica es la presencia religiosa más grande, más rica y más influyente del mundo reconocida en la tierra. Es curioso que la iglesia ore a María y por medio de ella, una mujer con la que se identifica a Misterio Babilonia. Muchos pueden ser manipulados por la "apariencia". Permítanme decir esto, estoy seguro de que hay miembros dentro de la Iglesia Católica que buscan a Jesús y sólo a Jesús y por lo tanto son salvos.

¡Oro esta esperanza continuamente! Pero recordemos que nuestro Señor es un Salvador personal, no confesional. Por lo tanto, somos salvos por la fe y no por nuestras obras. Cristo ha realizado la obra y Él mismo dijo en Juan 19:30: "Consumado es". Arrepiéntanse y acepten la obra del Señor... ¡Jesús es el Perfecto!

NOTA: Escribo esta carta con renuencia y con especulación, pero sin embargo estoy movido por el Espíritu de Verdad. ¡Busco advertir! Y personalmente, "preferiría estar equivocado y vivir esta vida en ridículo, que estar en lo correcto y vivir solo en el cielo... sabiendo que tenía miedo de decirles la verdad". He encontrado Su asombrosa gracia. (Juan 16:13 y 2 Pedro 1:18–21).

Gregory A. Booker

ESCRITOS INSPIRADOS

EL PASTOR Y EL PROFETA

Estas son las palabras que el Señor ha hablado:

Porque nuestra determinación ha sido hallada delante de Su
trono, Y Él ha escuchado los deseos de nuestros corazones.

Y así se establecerá un lugar… sí,

Una morada donde el Espíritu de Él pueda
morar En la plenitud de Su Verdad.

Y en Mi casa se derramarán lágrimas delante de Mi altar.

Para que haya gozo y alegría inefable.

Porque ¿quién puede conocerme, para que
no te toque mi justo juicio?

Así que el ministro dirija y el profeta proclame.
Que el ministro proteja y el profeta aconseje.

Y mi ministro construirá los muros, Pero
mi profeta no tendrá plano.

¡Porque él es mío!

Que así sean estas cosas.

Para que la congregación no se sienta abrumada
Y Mi Palabra se vea obstaculizada.

Por tanto, te ordeno que trabajes bien en Mi Casa.

Porque la obra del ministerio es para La perfección de los santos

para que puedan conocer la plenitud de Aquel a quien he enviado.

Por tanto, tráeme el fruto de su arrepentimiento.
Para que mi Espíritu se pose sobre los débiles,
Y los cojos, los heridos y los temerosos.

Sí, incluso sobre los pobres y los perdidos
que necesitan ser encontrados.

Te aconsejo que te pares a la puerta de Mi portón y hagas
sonar la trompeta de la partida para que puedan gustar

de Lo que es esperanza y oír lo que es puro.

¡Hazla sonar bien para que mi Espíritu pueda oír tu expectativa!

Y conozcas con certeza tu preciosa fe.

Que está en mi Hijo, el Cristo, el Bendito Redentor.

Aférrate a lo que es verdadero, mi Iglesia.

Porque el Dios de Israel está dispuesto a hablar una vez más.

Y es Su justicia la que será declarada por sus profetas.

¡Así que reúne al rebaño, mis ministros!

Para que abramos paso al Señor de señores y Rey de reyes,
Salvador de los gentiles y Mesías de los judíos. ¡Amén!

A las Iglesias, pongamos estas palabras en el centro de nuestro
corazón para que se encuentren a la entrada de Su Iglesia.

CARTA VI

La Redención Prometida a Israel y los Santos de la Tribulación

La Elección: Verdad o Religión

CUANDO TODO ESTÁ DICHO Y HECHO, permítanme decir que mi tema principal a través de estas "cartas de declaraciones proféticas" es que el Dios Verdadero (Aquel que se demuestra a Sí mismo) no es una religión. El hombre siempre ha tenido una "religión" de una forma u otra. Antes de Jesús, el hombre creía en la adoración de ídolos y en muchos dioses de los cuales ninguno era el mismo de cultura a cultura. La multiplicidad de dioses creados por el hombre es asombrosa cuando uno mira la historia antigua. Desde las tribus ocultas de África hasta el Imperio Romano, el hombre atribuye a "alguien más" su ser. Dios, en su infinita sabiduría, utilizó a Israel para demostrarse a través de él. Que se diga que Israel le falló a Dios. Pero incluso este hecho tuvo que ser demostrado, no a Dios mismo sino al hombre. Un Salvador personal fue prometido en el Libro del Génesis antes de que Israel existiera. Ese Salvador vino, pero ¿no fue rechazado?

El resultado de ese rechazo produjo bendiciones para todos los hombres. Sí, el error de los judíos ayudó a Dios a demostrar Su existencia eterna a todos los hombres. El impacto de la resurrección de Cristo cambió el curso del mundo de la noche a la mañana. En principio, el hombre pasó de creer en muchos dioses a creer en un solo

Dios. La idolatría fue abatida de forma rotunda. Es Jesús y sólo Él el responsable de tal fenómeno.

Con la verdad revelada y la idolatría reconocida por lo que era, surgió una nueva forma de "religión". La mejor palabra para describir este nuevo enfoque se conoce como doctrina. La doctrina se define como "lo que se enseña y se presenta como verdad". Al igual que el hombre antiguo, que tenía muchos dioses, el hombre moderno tiene muchas doctrinas. El disfraz de la libertad religiosa es engañoso. El hombre es siempre responsable de sus creencias y confunde el derecho a aceptar o rechazar a Cristo como permiso para elegir otras formas de religión. El hombre hunde verdaderamente su propio barco, y este error lo que hace es ocultar la verdad, no revelarla, ¿o no es así?

Cuando Jesús caminaba entre los suyos, eran los fariseos quienes creían que su ley oral (interpretaciones de la ley por rabinos, tradiciones religiosas no registradas en los cinco libros de Moisés) era de igual importancia que la inspirada ley escrita emitida por Dios mismo. Lo que en realidad cegó a los fariseos fue su negativa a aceptar la Palabra tal y como fue dada. Se introdujeron prácticas tradicionales y cayeron presa de su propia sabiduría. Porque está escrito en Proverbios 2:6, "Porque Jehová da la sabiduría, y de su boca viene el conocimiento y la inteligencia".

En Juan 1:1 está escrito: "En el principio era el Verbo, y el Verbo era con Dios, y el Verbo era Dios", y el versículo 10 dice: "En el mundo estaba, y el mundo por él fue hecho; pero el mundo no le conoció". Él es la Primera Palabra y la Última Palabra. Recordemos que Jesús fue profetizado para venir y caminar entre los hombres para cumplir las promesas, legitimando así su autenticidad. Él es mejor de lo que jamás podría ser la religión, porque Él es la Única Verdad.

Más de trescientas Escrituras proféticas se refieren a la primera venida de Cristo, y los judíos ignoraron hasta la última de ellas. Yo pregunto a todos "¿Por qué?" Para los propósitos de esta carta, el Espíritu lo resume, en una palabra—¡traición! Marcos 7:8-9 y 13 dice: "Porque dejando el mandamiento de Dios, os aferráis a la tradición de los hombres: los lavamientos de los jarros y de los vasos de beber; y hacéis otras muchas cosas semejantes. Les decía también: Bien invalidáis el mandamiento de Dios para guardar vuestra tradición... invalidando la palabra de Dios con vuestra tradición que habéis transmitido. Y muchas cosas hacéis semejantes a estas".

La tradición es definida como "lo que se transmite oralmente a través de sucesivas generaciones sin ayuda de memorias escritas". También es cualquier creencia, costumbre o forma de vida que tenga sus raíces en la propia familia o grupo racial. La parte más importante de la definición de tradición es que se trata de una "transmisión oral" por parte del hombre, *no* de una revelación escrita de Dios. Esta distinción es muy importante porque es lo que separa la verdad de la religión y la Iglesia de Cristo de las iglesias. La tradición es lo que ciega al cristianismo como Dios demuestra la verdad.

En su mayor parte, sabemos lo que es la verdad, pero te pregunto lo siguiente: ¿Dónde está la verdad? Esta es la gran pregunta en nuestra generación. En otras palabras, como cristianos, ¿deberíamos hacernos la pregunta ante la que la propia tradición nos ha cegado? Es una pregunta muy básica, pero quizás una vez formulada, podríamos comenzar el proceso de quitarnos las vendas. En la Biblia, no encontramos una nación llamada América, no encontramos Asia, no encontramos África o Europa o Rusia—¡¡¡pero sí encontramos a Israel!!!

Si "los Gentiles" nunca hubieran recibido la Biblia, el cristianismo, así como el Islam nunca hubieran existido. Sin embargo, la Biblia fue escrita por judíos con la autoridad de Dios mismo. Todas las pruebas objetivas y los conceptos serían desconocidos para los hombres que buscan el discernimiento espiritual. Es alarmante que justo cuando el judaísmo está resurgiendo, elementos del cristianismo y del islamismo parezcan estar "de acuerdo" con respecto a Israel. Si consideramos la restauración de Israel como Dios la ordenó (estableció bíblicamente), es lógico que todos los demás actos proféticos también se realicen en un sentido literal. Digamos que la pregunta no es "¿De parte de quién está Dios?", sino "¿De parte de quién estamos realmente?" ¿Es la religión o es la verdad, que es la redención final de Israel como la proclama la Biblia? En otras palabras, el cristianismo mismo está tan atrapado en la tradición (doctrina autoproclamada) que no se reconoce la verdad cuando Dios mismo la revela abierta y claramente para todos los hombres. Sí, Israel es la verdad y eso no es religión.

De hecho, veo los celos. Veo la envidia; ¡sus corazones están realmente preparados para jactarse!

Les advierto a todos— No importa que los judíos puedan restablecer el judaísmo, no importa su incredulidad en Jesús, no importa su celo y orgullo o su falta de celo por el Señor. ¡El juicio es del Señor! ¡Ay! ¿No habrá también que juzgar a los gentiles incrédulos? Como alguien que estudia la Palabra profética del Señor, sé con certeza que así fue profetizado. Y así está escrito:

"No te jactes contra las ramas; y si te jactas, sabe que no sustentas tú a la raíz, sino la raíz a ti…Porque no quiero, hermanos, que ignoréis este misterio, para que no seáis arrogantes en cuanto a vosotros mismos: que ha acontecido a Israel endurecimiento en parte, hasta que haya entrado la plenitud de los gentiles; y luego todo Israel será salvo, como está escrito" (Romanos 11:18, 25-26)

Que estos versículos sean sabios.

Por lo tanto, se cometerá el error, porque cada uno ve lo que le parece bien, pero el Señor pondera el corazón. Así que les hago otra pregunta: "¿De qué y de quién será salvo Israel?"

¿Y QUIÉN SERÁ SU SALVADOR? ¡POR QUÉ VEO LO QUE VEO!

DESPUÉS DE HACER NUMEROSOS INTENTOS de proclamar la palabra profética a todo tipo de personas de diversas denominaciones religiosas, comencé a entender por qué otros no ven lo que yo veo. Una de las resistencias más firmes ha venido de la "gente de iglesia" que parece no poder reconocer la legitimidad de la profecía. Esta falta de reconocimiento se debe principalmente a una pobre comprensión doctrinal y, sí, ¡a las tradiciones! Jesús dejó en claro que hay que "velar, pues". Aconsejo a todos que lean Mateo 24:42-51 y Mateo 25:1-13. Observen que Jesús está advirtiendo a dos grupos diferentes. En el capítulo 24, Jesús está hablando a los judíos acerca de los judíos. En el capítulo 25, está hablando proféticamente acerca de las iglesias. El versículo 10 nos da una indicación clara de una "desaparición repentina de los creyentes en Cristo" (también puedes verla 1 Tesalonicenses 5:9). El versículo 22 revela la agonía de los que se quedaron atrás. Estos y otros que se convierten en creyentes después de presenciar lo que se conoce como "el rapto" son en realidad los santos de la tribulación.

Veo "estas cosas" no tanto porque estudie profecía, sino porque creo que Jesús es el Hijo del Dios viviente. Como agente de Dios mismo, sus palabras se cumplirán hasta la última letra. Dios es absoluto; es el hombre quien es relativo. Si uno elige creer solo una parte de la Biblia, entonces Dios es justo al revelar solo lo que uno quiere creer. Me doy cuenta de que la profecía ha sido un "misterio" para la iglesia. Sin embargo, el velo debe ser levantado. Si Dios proporcionó información profética a los judíos durante la primera aparición de Jesús, ¿cree que Él haría que la Iglesia ignorara su segunda venida? Dios siempre es justo. Él no cambia, pero desafortunadamente, ¡el hombre tampoco aprende!

PARA QUE QUEDE CLARO: ¿QUÉ ES UN PROFETA?

- Los profetas son aquellos que hablan en nombre de Dios. Ver Hechos 3:21 y Hebreos 1:1.
- Son principalmente predicadores de justicia. Los profetas más genuinos no honran el orgullo de los hombres, pues conocen los caminos del Señor de una manera única debido a su papel de extrema sumisión y no tienen favoritos. 1 Corintios 14:3 revela su propósito para la iglesia.
- Los espíritus de los profetas están sujetos a los profetas (puedes verlo en 1 Corintios 14:29–33). Esto significa que la iglesia puede tener dificultad para discernir lo que dice un profeta, ya que sabe poco acerca de la profecía. Sin embargo, esta dificultad se ha reducido un poco ahora que tenemos la Palabra escrita, la Biblia, en nuestro poder.
- Se nos dice que codiciemos la profecía (ver 1 Corintios 14:39).

La definición de "profeta" es "hombres divinamente llamados e inspirados para entregar el mensaje de Dios, particularmente sobre eventos futuros". Esta definición coincide con la función principal de los profetas del Antiguo Testamento. En el Nuevo Testamento, se refiere a una persona que ha recibido un don espiritual especial, que le permite interpretar o proclamar la verdad. No implica necesariamente el elemento de predicción. El llamado clave de un profeta es "revelar" o "comunicar o impartir por medios sobrenaturales y dar a conocer mediante inspiración divina algo que anteriormente estaba oculto". La teología revelada significa teología aprendida solo por revelación divina.

Creo que mis escritos reflejan un enfoque de "teología revelada", ya que los eventos que he llegado a conocer fueron a través del autoestudio y la oración y más oración. El Espíritu Santo no requiere que tengamos un título en ministerio; en cambio, debemos buscar y creer con base en la fe.

¿Qué Hace Que Un Profeta Sea Falso (Autoproclamado)?

1 Juan 4:1-3 le dice a la iglesia que pruebe el espíritu del profeta. El falso profeta no confesará públicamente ni por escrito que Jesús es Dios en la carne. Cualquier otra cosa hace que su mensaje no sea del Espíritu Santo. Y sólo el Espíritu Santo puede revelarnos la verdad tal como se expresa bíblicamente.

Un Falso Profeta Ejemplificado

La mayoría de las veces, cuando se habla de profetas y sus profecías, la mayoría de los "cristianos" tienden a escuchar lo que predijo el infame médico francés convertido en profeta llamado Nostradamus. Debido a su popularidad, creo que lo mejor es que destaque sus "credenciales" para que podamos discernir mejor el espíritu de un verdadero profeta frente a un falso profeta:

El siguiente es un extracto del *Análisis de un crítico "Nostradamus y sus tonterías"* de James Randi: "El año 1999, siete meses después, del cielo vendrá un gran Rey del Terror: Para dar vida al gran Rey de los Mongoles, antes y después de Marte para reinar por buena suerte".

Confusa o no, ahí está: la fatídica predicción del adivino más duradero de todos los tiempos—el profeta renacentista Nostradamus. Para los creyentes, significa que el mundo terminará en julio de 1999. Astuto y cuidadoso de nunca ser demasiado preciso, Nostradamus adivinó los eventos futuros del mundo entero antes de su muerte a los

63 años en 1566. Como todos los médicos, había recibido formación cruzada en astrología y finalmente le resultó más fácil pronosticar (hacer predicciones). El crítico descubrió que Nostradamus a menudo profetizaba acontecimientos que ya habían ocurrido, cubriéndolos de un simbolismo turbio. El vidente eludió a la Inquisición atribuyendo sus profecías a Dios y creó muchos de los trucos que todavía hoy utilizan los adivinos. Sin embargo, un estudio minucioso descubre que sus predicciones, enmascaradas por el humo y los espejos, están abiertas a cualquier interpretación.

Yo clasifico a Nostradamus como un falso profeta, un adivino. Espiritualmente hablando, Nostradamus no hace ninguna proclamación de fe en Cristo según 1 Juan 4:1–3. En mi opinión, es una herramienta de engaño utilizada por el charlatán. Los profetas bíblicos son los que escucho—Jeremías, Isaías, Daniel, Zacarías, Malaquías, Joel, Pablo y Cristo, además de muchos otros. Espero que esta perspectiva añada claridad y asegure su fe en Dios mismo.

Para que conste, me clasifico como alguien "que trabaja en el oficio de profeta". Esto significa que no hago hincapié en llamarme profeta, sino que estoy llamado a hablar sobre el tema del que hablan los profetas bíblicos.

DESPUÉS DEL RAPTO, SE LEVANTA UN VELO
HE DICHO POCO ACERCA DEL RAPTO— "porque en un momento, en un abrir y cerrar de ojos… nosotros los que vivimos, los que hayamos quedado, seremos arrebatados… para recibir al Señor en el aire" (ver en 1 Corintios 15:50-58 y 1 Tesalonicenses 4:13-18). Como alguien que cree que tal evento ocurrirá antes de la firma del pacto con Israel, que se sepa que este es un evento del que nadie sabe el día. Sin embargo, recomiendo el libro de Hal Lindsey titulado *El Rapto*, que revela mucho acerca de esta doctrina misteriosa, como la llaman las Escrituras.

Mi intento en este punto es mostrar el impacto de tal evento, independientemente de cuándo ocurra. Ningún acontecimiento mayor antes de la segunda venida demostrará clara e incuestionablemente la presencia de Dios mismo. Creo que este acontecimiento es fundamental para dar esperanza a los santos de la tribulación. Los santos representan a todo aquel que, independientemente de sus creencias primordiales o espirituales, se convierta y acepte a Jesús como el Hijo de Dios durante el período de la tribulación.

Sí, en efecto, se levanta un velo. Un misterio ya no es un misterio. La cuestión es— ¿podría salvarse realmente a más personas mediante un rapto antes de la tribulación que en cualquier otro momento? En mi opinión, ¡sí! ¿Acaso el Libro de las Revelaciones no se convierte en una guía espiritual mucho más fácil de entender para quienes lo viven? ¿Acaso el rapto no hace añicos toda la tradición y la falsa doctrina que se ha infiltrado en el cristianismo? ¡Por supuesto que sí! Ellos conocerán su error y responderán en consecuencia. Entonces el Señor les preguntará. "Como mi Hijo ha muerto por ti, ¿estás dispuesto a morir por Él?". Lo que el santo demuestra a Dios es que cree que Cristo vive. Sin embargo, la muerte sacrificial representa su testimonio final de ello. ¡Es la prueba de la fe!

ESCRITURAS RELACIONADAS CON LOS SANTOS
LIBRO DE LAS APOCALIPSIS: CARTAS A LAS IGLESIAS

En principio, Jesús revela las condiciones espirituales de las diversas iglesias a lo largo de la Era de la Iglesia. Los restos de cada una de ellas abundan hoy en día. Los eruditos han concluido que la última iglesia, Laodicea, representa el estado espiritual del cristianismo en nuestra generación. Y así es (ver 3:14-22). Fortalezcámonos para que podamos vencer.

6:9–11

Se revela el primer grito celestial de los santos. Estos son aquellos que han sido martirizados después del rapto hasta la apertura del quinto sello. Este sello representa las persecuciones masivas contra los que creen en Dios. La negativa a aceptar la marca de la Bestia sirve para separar definitivamente el trigo de la cizaña. Por eso está escrito que están reservados para el juicio. Judas 1:19 dice: "Estos son los que causan divisiones; los sensuales, que no tienen al Espíritu" o, en otras palabras, los que compran la marca.

7:9-17

La separación es completa al final de la gran tribulación como revela el versículo 14. Los versículos 15-17 muestran sus bendiciones recibidas. Observa a quién sirven—a Dios mismo. Pero también observe quién los alimenta. ¿No es el Cordero, Jesús? Hay una distinción aquí. La gran tribulación se identifica como comenzando en medio de la Septuagésima Semana de Daniel y continúa durante los últimos tres años y medio de la "semana". ¿Cómo puede ocurrir el rapto durante la "semana" y que ambos grupos tengan el mismo título de santos de la tribulación? También parecen estar más alineados con Dios, aunque bendecidos con Cristo.

12:11

Revela cómo los santos vencen al Anticristo al no aceptarlo incluso hasta su muerte.

13:7-10, 14:11-13

¿En qué consiste la paciencia de los santos? El mensaje aquí parece ser que el que resiste al Anticristo con la espada morirá por la espada. Él entrega su alma al infierno ya que no aceptó voluntariamente la condición de una muerte sacrificial en el nombre de Jesús. Por lo tanto, no venció verdaderamente. ¿No es esto fe y paciencia? ¿No murió Cristo voluntariamente por nosotros?

20:4

"Y vi las almas de los decapitados por el testimonio de Jesús". Por espantoso que pueda parecer este método, esto es lo que consigue—no me cabe duda de que el Anticristo generará más temor en la sociedad moderna utilizando un método de persecución tan arcaico. Pero una ventaja desde el punto de vista del Señor es que se hace en un abrir y cerrar de ojos y por lo tanto es indoloro. Lo que duele es el pensamiento. Levanta la vista y cree ahora, para que tú puedas estar donde él está.

Y que esto sea sabiduría.

Estas cosas deben ser para el perfeccionamiento de los santos y para condenar a los que están en su incredulidad, a fin de que sean reservados para ese gran día del juicio en el valle de Josafat, donde van a destruir a Israel, ¡la única nación de la tierra que clamará por un Salvador!

Así la redención prometida de Israel ocurre por fin.

"Porque muchos días estarán los hijos de Israel sin rey, sin príncipe, sin sacrificio, sin estatua, sin efod y sin terafines. Después volverán los hijos de Israel, y buscarán a Jehová su Dios, y a David su rey; y temerán a Jehová y a su bondad en el fin de los días" Oseas 3:4-5.

La Escritura declara en Oseas 14:9: "¿Quién es sabio para que entienda esto, y prudente para que lo sepa? Porque los caminos de Jehová son rectos, y los justos andarán por ellos; más los rebeldes caerán en ellos".

ROMANOS 11:26

"Y así se salvará todo Israel; como está escrito..."

(*¿Y dónde está escrito? Está escrito en el Antiguo Testamento*).

Y aquí está la sabiduría: Como un hombre, Jesús, probó a la nación de Israel, así tal nación probará al mundo. Porque no se trata tanto de quién tiene razón, sino de quién se equivoca menos. Su gracia abunda. ¡Preparad el camino!

Hay una regla en el análisis profético que dice así: Si lo que lees en las Escrituras no ha sucedido todavía, ¡eso no significa que no vaya a suceder!

¡LA LLAMADA!

Escuchemos la voz del Señor que habla a Israel en Ezequiel 34— "Como reconoce su rebaño el pastor el día que está en medio de sus ovejas esparcidas, así reconoceré mis ovejas, y las libraré de todos los lugares en que fueron esparcidas el día del nublado y de la oscuridad" (versículo 12).

"Yo salvaré a mis ovejas, y nunca más serán para rapiña; y juzgaré entre oveja y oveja. Y levantaré sobre ellas a un pastor, y él las apacentará; a mi siervo David, él las apacentará, y él les será por pastor." (versículos 22–23).

"Y andan errantes por falta de pastor, y son presa de todas las fieras del campo, y se han dispersado. Anduvieron perdidas mis ovejas por todos los montes, y en todo collado alto; y en toda la faz de la tierra fueron esparcidas mis ovejas, y no hubo quien las buscase, ni quien preguntase por ellas." (verses 5–6). Nunca en el pasado han estado sobre "toda la tierra", ¡pero ahora sí!!

JOEL 1:14

"Proclamad ayuno, convocad a asamblea; congregad a los ancianos y a todos los moradores de la tierra en la casa de Jehová vuestro Dios, y clamad a Jehová".

JOEL 2:17–18

"Entre la entrada y el altar lloren los sacerdotes ministros de Jehová, y digan: Perdona, oh Jehová, a tu pueblo, y no entregues al oprobio tu heredad, para que las naciones se enseñoreen de ella. ¿Por qué han de decir entre los pueblos: ¿Dónde está su Dios? Y Jehová, solícito por su tierra, perdonará a su pueblo".

MIQUEAS 4:6–7

"En aquel día, dice Jehová, juntaré la que cojea, y recogeré la descarriada, y a la que afligí; y pondré a la coja como remanente, y a la descarriada como nación robusta; y Jehová reinará sobre ellos en el monte de Sion desde ahora y para siempre."

MIQUEAS 5:7–8

"El remanente de Jacob será en medio de muchos pueblos como el rocío de Jehová, como las lluvias sobre la hierba... Asimismo el remanente de Jacob será entre las naciones, en medio de muchos pueblos".

MIQUEAS 7:16

"Las naciones verán, y se avergonzarán de todo su poderío; pondrán la mano sobre su boca, ensordecerán sus oídos".

ISAÍAS 11:10–12

"Acontecerá en aquel tiempo que la raíz de Isaí, la cual estará puesta por pendón a los pueblos, será buscada por las gentes y su habitación será gloriosa. Asimismo acontecerá en aquel tiempo, que Jehová alzará otra vez su mano para recobrar el remanente de su pueblo que aún quede en Asiria, Egipto, Patros, Etiopía, Elam, Sinar y Hamat, y en las costas del mar. 12 Y levantará pendón a las naciones, y juntará los desterrados de Israel, y reunirá los esparcidos de Judá de los cuatro confines de la tierra".

Un ejemplo del error de Israel contra Jesús y su posterior dispersión y, sin embargo, un eventual regreso:

MIQUEAS 5:1–3

"Rodéate ahora de muros, hija de guerreros; nos han sitiado; con vara herirán en la mejilla al juez de Israel. Pero tú, Belén Efrata, pequeña para estar entre las familias de Judá, de ti me saldrá el que será Señor en Israel; y sus salidas son desde el principio, desde los días de la eternidad. Pero los dejará hasta el tiempo que dé a luz la que ha de dar a luz; y el resto de sus hermanos se volverá con los hijos de Israel.

ANÁLISIS

Tengamos en cuenta que el profeta Miqueas escribió estas palabras aproximadamente en el año 720 a.C. Sus palabras son un ejemplo de la inmensidad de tiempo que puede tomar para que ciertos eventos se cumplan. Y observa cómo la certeza de los eventos genera una reacción, ya que cada parte de ellos fue profética y todo ha ocurrido hasta nuestros días. La cantidad de tiempo que se utiliza para cumplir los eventos está más allá del control humano, sin embargo, el hombre usa su libre albedrío para hacer que los eventos se hagan realidad. Claramente, esto revela que cuando el hombre usa su propio conocimiento, ignorando las mismas palabras sobre las que Dios le advirtió, le falla a Dios. Dios mismo queda exento de haberle tendido una trampa al hombre como resultado. Numerosas Escrituras proféticas revelan este fenómeno de "lo sabe todo".

En esencia, Dios está mostrando al hombre con una sutileza asombrosa que la voluntad de Dios es supremamente superior al uso del libre albedrío y, con mayor certeza, al "Yo quiero". Su amor se demuestra a pesar de nuestros errores. Israel ha sido su herramienta precisamente para este propósito. En el momento señalado, yo personalmente quiero estar delante de Él y gloriarme en Su presencia. ¡Esa es mi oración! Ahora sé por qué necesitamos a Jesús, ¡sí, en verdad!

JESÚS ADVIERTE A LOS JUDÍOS DEL ANTISEMITISMO

"Y oiréis de guerras y rumores de guerras; mirad que no os turbéis, porque es necesario que todo esto acontezca; pero aún no es el fin. Porque se levantará nación contra nación, y reino contra reino; y habrá pestes, y hambres, y terremotos en diferentes lugares. Y todo esto será principio de dolores. Entonces os entregarán a tribulación, y os matarán, y seréis aborrecidos de todas las gentes por causa de mi nombre." (Mateo 24:6–9).

La misión de Dios de restaurar a Israel causará conflictos mundiales.

"He aquí yo pongo a Jerusalén por copa que hará temblar a todos los pueblos de alrededor contra Judá, en el sitio contra Jerusalén. Y en aquel día yo pondré a Jerusalén por piedra pesada a todos los pueblos; todos los que se la cargaren serán despedazados, bien que todas las naciones de la tierra se juntarán contra ella." (Zacarías 12:2–3).

UN PROPÓSITO PARA EL CUAL DIOS USARÁ A ISRAEL... ¡REVELADO!

"Entonces os volveréis, y discerniréis la diferencia entre el justo y el malo, entre el que sirve a Dios y el que no le sirve." (Malaquías 3:18).

Sí, he buscado Su sabiduría, y Él me la ha dado. Podría seguir y seguir revelando este tipo de escritos inusuales. Algunos piensan que el Antiguo Testamento es un libro cerrado. Digamos que la restauración de Israel lo ha abierto. Sí, los verdaderos colores de una persona pueden ser expuestos, no tanto por con quién está, sino por contra quién puede estar. Este es el corazón de mi advertencia.

JUICIO SEGURO

"EN AQUEL TIEMPO SE levantará Miguel, el gran príncipe que está de parte de los hijos de tu pueblo; y será tiempo de angustia, cual nunca fue desde que hubo gente hasta entonces; pero en aquel tiempo será libertado tu pueblo, todos los que se hallen escritos en el libro." (Daniel 12:1).

"Pero ahora se han juntado muchas naciones contra ti, y dicen: Sea profanada, y vean nuestros ojos su deseo en Sion. Mas ellos no conocieron los pensamientos de Jehová, ni entendieron su consejo; por lo cual los juntó como gavillas en la era." (Miqueas 4:11–12).

"Por tanto, esperadme, dice Jehová, hasta el día que me levante para juzgaros; porque mi determinación es reunir las naciones, juntar los reinos, para derramar sobre ellos mi enojo, todo el ardor de mi ira; por el fuego de mi celo será consumida toda la tierra". (Sofonías 3:8).

"Y sucederá que como fuisteis maldición entre las naciones, oh casa de Judá y casa de Israel, así os salvaré y seréis bendición. No temáis, más esfuércense vuestras manos" (Zacarías 8:13, ver también los capítulos 12– 14).

"y subirás contra mi pueblo Israel como nublado para cubrir la tierra; será al cabo de los días; y te traeré sobre mi tierra, para que las naciones me conozcan, cuando sea santificado en ti, oh Gog, delante de sus ojos." (Ezequiel 38:16).

El libro de Daniel identifica la conquista del Anticristo a medida que gana poder. Sin embargo, el Libro de Ezequiel revela la batalla de Armagedón (Capítulos 38 y 39). ¿Podría ser Gog su nueva designación después de alcanzar el dominio mundial; incluso la tierra del extremo norte que los eruditos concluyen que es la ahora disuelta URSS?

¿Podría ser Gog el Anticristo en la cima de su gobierno satánico sobre la Tierra? (Dios cambió los nombres y usó nombres adicionales para identificar y aclarar aún más a los personajes bíblicos muchas veces en las Escrituras). Y Ezequiel 39:2 dice: "Y te quebrantaré, y te conduciré y te haré subir de las partes del norte, y te traeré sobre los montes de Israel".

En el Nuevo Testamento, Jesús responde a la pregunta de los judíos de cuándo en Lucas 21:25-58: "Entonces habrá señales en el sol, en la luna y en las estrellas, y en la tierra angustia de las gentes, confundidas a causa del bramido del mar y de las olas; Desfalleciendo los hombres por el temor y la expectación de las cosas que sobrevendrán en la tierra; porque las potencias de los cielos serán conmovidas. Y entonces verán al Hijo del Hombre, que vendrá en una nube con poder y gran gloria. Y cuando estas cosas sucedan, erguíos y levantad vuestra cabeza, porque vuestra redención [la de Israel] está cerca".

Este es el gran misterio revelado—Nuestro Señor es el Salvador de los gentiles, pero ¿no puede también hacerse realidad como el Mesías para los judíos al fin?

EL LUGAR DE LA BATALLA

"REUNIRÉ A TODAS LAS NACIONES, y las haré descender al valle de Josafat, y allí litigaré con ellas por mi pueblo y por mi heredad Israel, a quien esparcieron entre las naciones, y repartieron la tierra...Proclamad esto entre los gentiles; preparad la guerra, despertad a los valientes, que se acerquen todos los hombres de guerra; que suban...Multitudes, multitudes en el valle de la decisión; porque el día del Señor está cerca en el valle de la decisión" (Joel 3:2, 9 y 14).

El elemento sorpresa está siempre presente al afirmar tan enfáticamente— "¡Y sabrán que soy yo, el Señor... quien lo ha dicho!".

Oh, tal vez, nuestro arsenal nuclear del que estamos tan orgullosos algún día hará que la gracia de Dios no tenga efecto y Dios no tendrá más remedio que darse a conocer al incrédulo. Está muy claro que Su Palabra está escrita, a pesar de nuestra incredulidad, y Su presciencia es evidente para que sepamos que hay un Dios, y un Dios misericordioso. ¡Estén prevenidos!

EN CONCLUSIÓN: EXTRAÑAS COINCIDENCIAS

SOLO HE REVELADO UNA muestra de las escrituras relacionadas con un evento que nunca ha ocurrido en la historia de Israel. Pero la aparición de Jesús como Mesías está más allá de la comprensión humana. ¿Cómo puede el hombre exigir que una persona esté libre de pecado cuando él mismo no lo está? ¿Cómo pueden las palabras de las Escrituras atravesar el tiempo y, aunque escritas por hombres, ser del conocimiento de los hombres? Incluso el término "muchas naciones" me parece peculiar en sí mismo. Ningún momento del pasado cumple mejor ese criterio, excepto el presente. Con la excepción del Éxodo, Israel nunca ha sido verdaderamente salvado por un acontecimiento tan glorificador.

Otra coincidencia es que, por primera vez en el desarrollo del hombre, éste es dueño de su propio destino. Nunca ha sido capaz de destruirse a sí mismo, pero con la llegada de las armas nucleares, ahora puede hacerlo. Nuestro medio ambiente ya está siendo fracturado sin el uso de tales armas.

¡Estén prevenidos! En efecto, Dios está impidiendo que el hombre se destruya a sí mismo. Mientras haya quienes sigan proclamando el nombre de Jesús, Dios pospondrá su ira. El tema de Dios aparece constantemente en las noticias, pero noto un vacío en lo que se refiere a Su obra: Jesús. Es una ausencia sutil, un vacío inquietante. Porque está escrito en 1 Juan 5:10: "El que cree en el Hijo de Dios, tiene el testimonio en sí mismo; el que no cree a Dios, le ha hecho mentiroso, porque no ha creído en el testimonio que Dios ha dado acerca de su Hijo. El que cree en el Hijo de Dios, tiene el testimonio en sí mismo; el que no cree a Dios, le ha hecho mentiroso, porque no cree en el testimonio que Dios dio de su Hijo".

El rapto termina la restricción de Dios, entonces todo debe cumplirse. Un velo será levantado cuando el rapto se proclame a sí mismo como lo que debe ser, un final y un principio todo envuelto en un solo acto. Los santos de la tribulación son los que llegan a conocer la verdad (que se negaron a aceptar) como resultado de la redención de Israel. Y así se salvarán, como está escrito. Apártate y ora. "Cumplirás la verdad a Jacob, y a Abraham la misericordia, que juraste a nuestros padres desde tiempos antiguos". (Miqueas 7:20).

Y aquí está la sabiduría: En nombre de la religión, muchos estarán más en contra de Dios que a favor de Él. Porque la verdad es Israel, y Dios mismo lo proclamará así. Estamos muy cerca. Por tanto, no cedan al engaño que ha de venir. Porque su propósito es alinear a todos los incrédulos para que sean juzgados debido a su incredulidad con respecto a Israel. Así se realizará la verdad de Jacob como se prometió como está escrito. Como el judío, ¡así es el gentil! Así está escrito: "Y luego todo Israel será salvo, como está escrito:

Vendrá de Sion el Libertador, Que apartará de Jacob la impiedad". (Romanos 11:26). Lo que debería ser obvio, obviamente no lo es.

Para terminar, es realmente un misterio cuando la misma evidencia (la restauración de Israel) de que hay un Dios es resistida e incluso despreciada por aquellos que profesan creer en Dios—un verdadero misterio. El Adversario, un ángel "que aparece como una luz", el acusador de los hermanos que anda de aquí para allá, sí, arriba y abajo sobre toda la tierra, un mentiroso de los hombres, y sí, algunos hombres prefieren su camino por su elección de libre albedrío. En verdad me siento bendecido al ver el fin de estas cosas y el comienzo de una bendición nueva y eterna. Que la Biblia sea nuestra ancla en medio de la tormenta, porque una tormenta debe haber para probar nuestra fe y ser hallados dignos e irreprensibles para que podamos participar de la gloria que con toda seguridad debe venir. Al fin y al cabo, sólo puedo salvarme a mí mismo. Por eso, con la lectura de mis palabras y la predicación del Evangelio, haz tú lo mismo. Porque el Príncipe de Paz viene para acabar con toda rebelión en aquellos hombres que así lo deseen. Acéptalo como tu Salvador personal y recibe las promesas anunciadas. He oído y me someto. Amén.

Gregory A. Booker

ESCRITOS INSPIRADOS

EL OTRO LADO DE LA CRUZ

Un Poema de Justicia Poética

Algo falla cuando la creación se resiste a
todo lo que representa el Creador.

Al contemplar la cruz, refleja un mundo perdido
Con Cristo llamando a cada puerta.

El hombre creyéndose bueno, hizo lo que creyó que
debía, Con cargos de blasfemia y mucha religiosidad,

Negándose a creer la Palabra... llenándose de animosidad
Entregando al Señor al tribunal de los tribunales.

Y así el juicio comenzó prontamente.

Estaba solo, sin tener un testigo de carácter, ni siquiera un
amigo Y cuando el juez no pudo encontrar ninguna ley contra
él, Lavándose las manos, estoy seguro que hizo lo que pudo.

Todo excepto liberar a este hombre sin pecado.

"Crucifícalo...crucifícalo" ¡fue el grito de la multitud!

Y la Ley que era se convirtió en ninguna
Ley, ¡y sin embargo Dios sonrió!

Así que allí yacía nuestro Salvador con los brazos extendidos, Demostrando Su amor a pesar del daño.

Y aunque todo hombre nace en pecado

La injusticia que profesamos no se compara con la injusticia en la que Él fue puesto.

Hay algo mal cuando la creación resiste

Todo lo que el Creador representa, incluso ahora como entonces.

Pero una Tumba vacía fue la recompensa de Dios por un trabajo bien hecho.

Para no ser escondido, el Señor hizo brillar a Su único Hijo. Porque Jesús mostró Su amor hacia toda la humanidad.

¡Y ahora hay vida después de la muerte sólo en Su nombre encontrarás!

Pero que hable también el Otro Lado de la Cruz.

Que lo que somos y quienes somos ha sido seguramente expuesto.

Porque en el amor de Dios mostrado tan abiertamente, Nosotros mostramos nuestra miseria ese día.

Y la Ley de Amor de Dios derrotó contundentemente a Nuestra ley de justicia, que nosotros malinterpretamos.

Nuestra cólera se mostró verdaderamente sólo para ver fluir la paz de Dios. Nuestro temor sin motivo iluminó el amor de Dios para todas las estaciones.

La Cruz es el lugar de encuentro de todo esto.

Y lo creas o no, ¡el Creador dejó que la creación insistiera!

Así que recordemos la sabiduría que la Cruz está destinada a traer.

Dios tendrá su día de justicia que la justicia,
que es equidad, debe sonar.

Porque el otro lado de la cruz habla bien de Su regreso.

Sentado a la derecha del Padre, ¡esto se lo ganó!

Pero todavía hay quienes eligen no creer

Como Tomás el incrédulo, dicen: "No por
la fe, sino por la vista he de ver".

Pero ¡bienaventurados los que creen sin haber visto!

Porque Dios ya no es un misterio ni un sueño.

Tú ves que la gracia y la misericordia han nacido de la injusticia.

Y es el otro lado de la cruz el que nos da este mensaje.

Que nuestro camino de justicia no significa
nada cuando la verdad exige Su retorno.

Por eso la Palabra declara que la Tierra arderá

Y nosotros que somos arrebatados en Su rapto daremos testimonio.

¡Revelando que el Otro Lado de la Cruz fue
una lección que no se aprendió!

CARTA VII

Segunda Semana de julio de 1991

Cristo y Su Gloriosa Aparición

Y JEHOVÁ DIOS DIJO A LA SERPIENTE: Por cuanto esto hiciste, maldita serás entre todas las bestias y entre todos los animales del campo; sobre tu pecho andarás, y polvo comerás todos los días de tu vida. Y pondré enemistad entre ti y la mujer, y entre tu simiente y la simiente suya; esta te herirá en la cabeza, y tú le herirás en el calcañar. La genealogía exige que todos los hijos sigan a la simiente del hombre, pero la referencia del Señor a la simiente de la mujer implica que tal enemistad no será provocada por un hijo engendrado por hombres. Así pues, fue un nacimiento divino, un nacimiento virginal, el único nacimiento de este tipo. ¿No está escrito en Lucas 1:35: "El Espíritu Santo vendrá sobre ti, y el poder del Altísimo... será llamado Hijo de Dios" ¿Y no se estableció la enemistad como está escrito en Mateo 2:13?, "Porque [el rey] Herodes buscará al niño para matarlo" Herodes estaba tan desesperado que mató a todos los niños menores de dos años de Belén. Es increíble que un rey anciano pudiera sentirse tan amenazado por un niño recién nacido. He aprendido del Espíritu de la Verdad que no fue tanto el corazón del hombre como la mano directa del adversario que buscaba invalidar la misión de Dios al proveer un Salvador para el hombre. Y Jesús tuvo su "calcañar magullado". Fue abatido, pero su resurrección deja muy claro que no permaneció abatido.

Aunque el acontecimiento no se registró hasta la época de Moisés, las palabras "talón herido" se pronunciaron en el momento de la caída de Adán en el jardín. Los eruditos datan la época de Adán aproximadamente en 4004 a.C. utilizando referencias genealógicas dadas en la Biblia. Sí, la Biblia hace un trabajo superior al fecharse a sí misma. Considerando esto, por lo tanto, tomó 4,000 años para que la semilla de la mujer viniera y luego tuviera su "calcañar herido". Eso es verdaderamente incomprensible por la mente humana, pero ¿no ocurrió sin embargo como fue escrito?

Génesis 3:15 es la primera referencia a un salvador en la Biblia. También es la Escritura más antigua sin cumplir, ya que el cumplimiento de "y te herirá en la cabeza" aún no se ha llevado a cabo. La Biblia deja claro cómo se llevará a cabo. La espera de 2.000 años para el regreso de Cristo puede entenderse cuando se considera la naturaleza eterna de Dios. A veces reconozco que la gracia de Dios es simplemente un fenómeno, y ese fenómeno es el tiempo. Un buen amigo mío definió el tiempo como distancia. Entiendo su punto de vista, porque sin movimiento, el tiempo se vuelve irrelevante. Medir la distancia cualifica el tiempo y le da sustancia. Pocas personas tienen en cuenta el impacto del tiempo (las fechas) cuando estudian la Biblia. El tiempo es lo que nos diferencia de Dios. Él es eterno, nosotros no. El pecado es la causa de tal separación provocada por la ofensa de Adán. Esta separación es mucho mejor conocida como muerte, tanto en la carne como en el espíritu. Sí, incluso el espíritu está separado de Dios *si* no se cumplen ciertas condiciones en esta vida, pues el infierno está donde no está el cielo. Dios sabía de antemano que el hombre necesitaría un salvador más grande que el hombre mismo para aquellos que desearan ver al Dios que es. Que sea dicho que Dios no va a bajar Sus estándares para nosotros. Es mucho mejor para nosotros ser elevados a Sus ideales, y no puedo culparlo ni un poquito.

Sí, Israel fracasó pensando que la obediencia a la Ley era suficiente. Para el hombre, tal vez lo era, pero para Dios, no. El criterio de Dios es más elevado. Es más que obedecer la Ley. Es también un corazón sin pecado. El hombre nunca pudo lograr esa hazaña. Así que Dios se engendró entre los hombres para demostrar un camino sin pecado. Y todos sabemos lo que la ley del hombre le hizo al Sin Pecado. Cristo tenía derecho a contraatacar, pero no lo hizo, para no pecar e invalidar el mismo propósito para el que vino.

Así está escrito en Romanos 5:18-19: "Así que, como por la transgresión de uno vino la condenación a todos los hombres, de la misma manera por la justicia de uno vino a todos los hombres la justificación de vida. Porque así como por la desobediencia de un hombre los muchos fueron constituidos pecadores, así también por la obediencia de uno, los muchos serán constituidos justos". En efecto, el hombre se mostró a sí mismo la verdadera naturaleza de su carácter. Hombres inocentes han sido condenados a muerte antes, pero uno sin pecado presenta una injusticia mayor.

Dios declara que "Él conocía de antemano" los errores que cometerían los judíos. Entonces, ¿por qué continuó con ello? Él continuó por puro amor a Su creación—la humanidad. Sin embargo, por mucho amor que Dios nos tuviera, Su justicia no podía ser rebajada para compensar el error del pecado del hombre, que es la desobediencia. Se hizo realidad la necesidad de un sustituto que no pecara para salvarse. Jesús pagó ese precio, y la única razón por la que tuvo éxito fue porque era de Dios mismo. Todos sus milagros fueron realizados para revelarnos el reino de Dios y, de paso, derrotar al adversario. Recuerda, ni siquiera sabríamos que había un adversario sin que la ofrenda sin pecado de Cristo lo revelara.

Un hombre sin pecado encontrado culpable con la Ley terminando en fracaso. Y ahora el Mesías es justificado, como lo atestigua Su resurrección, en el tiempo señalado para hacer las paces. Con toda honestidad, ¿no crees que Él tiene derecho a juzgar? Me entristece cómo escuchamos a la humanidad clamar por justicia cuando ha sido tratada injustamente, pero como cristianos no escuchamos el llamado del Señor para que Su Hijo cumpla con la "herida en tu cabeza". Sí, fue una herida mortal a Satanás para que el hombre finalmente pueda vivir la paz que Dios tanto deseaba de él desde el principio.

¿NO CONOCEMOS SU DERECHO A JUZGAR?

PORQUE ¿NO ESTÁ ESCRITO: "en el día en que Dios juzgará por Jesucristo los secretos de los hombres, conforme a mi evangelio" (Romanos 2:16).

Dios logra mucho a través de Jesús—

- Revela la incapacidad del hombre para medir la justicia usando la Ley.
- Él revela su naturaleza.
- Se sacrifica por los pecadores.
- A pesar del error del hombre contra Él, Él ofrece salvación a todos por creer en Él como el Hijo de Dios.
- Él revela al hombre su defecto de carácter—el pecado.
- Derrota a su adversario al negarse a pecar hasta la muerte. El error de Satanás en los cielos fue el orgullo, que es un pecado. La muerte de Cristo sin pecado en la carne fue la clave para la derrota de Satanás. Si Satanás no pudo derrotar a Cristo en la tierra, está condenado en los cielos. Se le permitirá luchar, lo que simboliza la lucha de la tierra en el momento del regreso de Cristo, pero su destino está determinado.
- Él establece para la Tierra un nuevo gobernante, el Príncipe de Paz—¡Jesús!
- Permite que el hombre se condene a sí mismo en su incredulidad, y cuando llegue el momento del juicio, el hombre conocerá su error.
- Demuestra el poder del amor y la fe y solidifica para el hombre lo que es la verdad.
- Revela la victoria sobre la muerte mediante la resurrección.

Dios usa lo mínimo posible —un hombre— para llevar a cabo un mensaje interminable al hombre acerca de su propósito divino. Ahora conozco el significado oculto de la parábola de la semilla de mostaza que se usa para describir el reino de Dios. El hombre tiene su esperanza plantada en una semilla, en una resurrección, en un acto de salvación (ver Marcos 4:30–32). La segunda venida de Cristo es el brote de esa semilla en plena floración, venciendo todas las cosas en la tierra para que todas las cosas sean mejores, ¡mejores en verdad!

PROPÓSITO DE LA SEMANA
SETENTA DE DANIEL

DESPUÉS DE SABER LO QUE SUCEDERÁ, estoy seguro de que la pregunta de por qué debe suceder entra en nuestra mente. He descubierto que, cuando acepto la perspectiva de Dios sobre lo que sucederá, instintivamente me siento llevado a preguntarle "por qué" y Él proporciona la respuesta celestial a los problemas terrenales. Le pregunto por qué un Anticristo, por qué los santos de la tribulación, por qué sólo un tercio de Israel se salva durante la "semana" final, y por qué la muerte es tan frecuente durante el período de siete años. Es buscándolo a diario y con mucha oración que he recibido una visión divina de estas preguntas sensibles y, sin embargo, provocadoras.

La pregunta de "por qué" es lo que el Espíritu Santo siempre está dispuesto a responder. Él me dice cómo "el porqué de esto" indica que la respuesta será escuchada y reconocida por el receptor. Él habla de acuerdo con nuestro deseo de saber. Mi pasaje bíblico favorito que me ha guiado por este camino se encuentra en Juan 16:13: "Pero cuando venga el Espíritu de verdad, él os guiará a toda la verdad; porque no hablará por su propia cuenta, sino que hablará todo lo que oyere, y os hará saber las cosas que habrán de venir.".

En esencia, si le temes a la pregunta, nunca recibirás la respuesta y la respuesta es tan buena como la pregunta que hagas. Todo lo que recibí, en verdad lo pedí. Las respuestas que he recibido con respecto a algunas de las paradojas más desconcertantes de su palabra profética pueden ser difíciles de discernir. Si es así para mí, sé que también lo es para muchos de mis lectores. Por lo tanto, permítanme revelarles solo una muestra de algunos de los "por qué". Y que culmine en la segunda venida de nuestro Señor y Salvador, tanto para los judíos como para los gentiles que creen en su nombre.

PAZ Y SEGURIDAD UNA PARADOJA

ESTÁ ESCRITO EN 1 Tesalonicenses 5:1-3: "Pero acerca de los tiempos y de las ocasiones, no tenéis necesidad, hermanos, de que yo os escriba. Porque vosotros sabéis perfectamente que el día del Señor vendrá así como ladrón en la noche; que cuando digan: Paz y seguridad, entonces vendrá sobre ellos destrucción repentina, como los dolores a la mujer encinta, y no escaparán".

Cuando observamos la angustia mundial actual, la mayoría de la gente concluye que el conflicto entre Israel y los árabes es el conflicto potencialmente más peligroso. Muchos piensan que podría desembocar en una guerra mundial. Como resultado, siempre es un tema políticamente delicado. El Oriente Medio tiene muchas situaciones paradójicas, y si uno trata de determinar por qué basándose en lo que llamo "el reino humano", la respuesta puede y será muy diferente que en el "reino espiritual".

Ya no pregunto por qué estas dos naciones están peleándose, sino que pregunto ¿qué logra Dios a pesar de su odio? Mi tercera carta, "La paradoja de la septuagésima semana", explica en detalle este mismo fenómeno.

El día del Señor parece ser paralelo a cuando dicen paz y seguridad. Luego hay destrucción repentina. ¿Qué haría que el mundo diga paz y seguridad a menos que haya una amenaza potencial real? ¿Y por qué el logro de eso genera la ira de Dios? El Espíritu revela que la respuesta se basa en las condiciones por las cuales se acuerda la paz. En esencia, para que se firme un tratado de paz, habrá que hacer concesiones. Esas concesiones tendrán, sin duda, algo que decir sobre la fe del hombre en Dios y en la Biblia.

La mayoría de los judíos de Israel todavía no creen en Jesús e incluso en Dios mismo. ¿Y no creen también la mayoría de los gentiles del mundo en Dios y en su Hijo? Por lo tanto, cuando se discute el tema de la paz, debemos ser muy conscientes no de "quién" está negociando, sino de "qué" se está negociando. Es casi como si nunca se pudiera alcanzar la paz mientras se considere a Israel como la Tierra Prometida. Esta es una declaración sutil, pero muy poderosa en verdad. Los incrédulos parecen estar atrapados en un tornillo de banco por todos lados. ¡Y lo están! Los árabes y los judíos parecen usar a un dios para justificar sus propios propósitos, una práctica común entre todos nosotros. Está escrito que Israel volverá a poner su confianza en el hombre. Un tratado de paz firmado refleja su incredulidad no sólo en Jesús (a nivel nacional, esta es su postura actual), sino también en

Dios. Recuerden, siempre existe el remanente en Israel que será salvo cuando sus ojos sean abiertos.

Por lo tanto, Israel estará representado por el Falso Profeta. Él parecerá ser el Mesías que los judíos han estado esperando todo el tiempo. Está escrito que "él" hará un pacto con Israel. Este "él" es el Anticristo, y él representará los intereses de los árabes. Creo que él será un árabe. Para que conste, digamos simplemente que él será como ningún otro que el mundo haya conocido jamás. Su mayor logro, cuando él venga, será el éxito de un acuerdo de paz formal con Israel.

El impulso ya está creciendo. Creo que muchos líderes en todo el mundo ofrecerán sus soluciones, pero todos se quedarán cortos hasta que él llegue. Él será lo suficientemente audaz para desacreditar a Cristo públicamente y recibir apoyo mundial. Tenga en cuenta que son los términos de las condiciones los que dan inicio al día del Señor. El individuo que solicite tales términos se hará evidente rápidamente para las iglesias. Muchos líderes en todo el mundo reconocen sus creencias religiosas, pero pocos, si es que hay alguno, negarán públicamente la deidad de Cristo—¡y esa es la diferencia!

LA ABOMINACIÓN DESOLADORA

JESÚS HABLÓ EN MATEO 24:15, diciendo: "Por tanto, cuando veáis en el lugar santo la abominación desoladora de que habló el profeta Daniel (el que lee, entienda)". Daniel 9:27 dice: "…y a la mitad de la semana hará cesar el sacrificio… y por la multiplicación de las abominaciones la convertirá en desolación". Esto ocurrirá a mitad del período de siete años. Los últimos tres años y medio de este período se denominan la gran tribulación. Jesús mismo revela esta designación en Mateo 24:21. La abominación se describe en 2 Tesalonicenses 2:4—"el cual se opone y se levanta contra todo lo que se llama Dios o es objeto de culto; tanto que se sienta en el templo de Dios como Dios, haciéndose pasar por Dios.".

En el libro de Apocalipsis 13:5 está escrito: "…También se le dio boca que hablaba grandes cosas y blasfemias; y se le dio autoridad para actuar cuarenta y dos meses". Claramente, este es el comienzo de la segunda mitad del período de siete años, y tiene aún más poder.

Su engaño espiritual descrito en el versículo de Tesalonicenses mencionado anteriormente se ve respaldado por su acto físico descrito en Apocalipsis 13:15, donde está escrito: "Y se le permitió infundir aliento a la imagen de la bestia, para que la imagen hablase e hiciese matar a todo el que no la adorase". Esta es la abominación desoladora de la que se habla. ¡Es un acto de profanación!

Está claro que el templo judío debe ser reconstruido para cumplir con esta ley. Hasta la fecha, no existe tal templo. Pero es posible que, como condición. de paz, se permite a los judíos construir uno sin interferencia de los árabes que desprecian tal proyecto. Tengo la sensación de que el tema de la reconstrucción del templo creará "interés y tensión" en todo el mundo. Es asombroso cómo ciertos incrédulos rechazan con tanta vehemencia incidentes que en realidad están cumpliendo la profecía bíblica. Es casi como si lo supieran, pero se empeñaran en impedirlo a pesar de lo que Dios ha revelado. Las fuerzas satánicas son, en efecto, muy conscientes y no dejan de mostrarse a sí mismas y a su obra. Pero Dios prevalecerá, ¡así que advierto!

PROPÓSITO DEL ANTICRISTO

Dios deja claro que Satanás es el gobernante de este mundo, pero sólo por un tiempo—gracias a Jesús. A través de nuestro libre albedrío, elegimos aceptar a Cristo; sin embargo, la Biblia deja claro que también somos responsables por nuestro rechazo a Él. Está escrito en 2 Tesalonicenses 2:9-12, "inicuo cuyo advenimiento es por obra de Satanás, con gran poder y señales y prodigios mentirosos, 10 y con todo engaño de iniquidad para los que se pierden, por cuanto no recibieron el amor de la verdad para ser salvos. 11 Por esto Dios les envía un poder engañoso, para que crean la mentira, 12 a fin de que sean condenados todos los que no creyeron a la verdad, sino que se complacieron en la injusticia". No tengo ni idea de lo que este "fuerte engaño" podría ser, pero sí creo que será tan obvio como no ser de Dios que los malvados les encantará. No hay duda en mi mente que el Anticristo los llevara a aceptarlo. Aquellos que se nieguen a creer tal engaño como válido serán expuestos y nuestra fe será probada.

La marca del Anticristo separa el campo y prepara la cosecha para la siega. El Libro de las Apocalipsis habla dolorosamente claro a aquellos que aceptan la marca (ver Apocalipsis 14:9-20). Dios nos permite a través del uso de nuestro libre albedrío elegir nuestra opción. Debe quedar claro que Dios en realidad restringe a Satanás en todo lo que se le permite hacer para que las cosas puedan lograrse para un propósito mayor. Cuando todo está dicho y hecho, Dios no tenía que revelar estas cosas. Que se diga que siempre es mejor saber que ser ignorante, pues Su instrucción me ha fortalecido y ¡que haga lo mismo contigo!

EL PRINCIPIO DEL FIN

EN EL Análisis FINAL, cuando considero la magnitud de una conclusión tan impresionante para el hombre, lloro. Hay aproximadamente cinco mil millones de personas en este glorioso planeta. Los hay de toda forma, tamaño, color y temperamento en cada parte del globo, y todos provienen de la semilla de Adán. Es la variedad de los hombres lo que ha hecho que la vida sea desafiante y a la vez desgarradora. Todos queremos un líder que pueda curarnos de nuestras heridas, satisfacer nuestras necesidades y hacer justicia cuando sea necesario. Existe un orden civil entre los hombres, sean quienes sean o estén donde estén. Deben tener un rey, un presidente, un gobernante, un líder. Aunque no les favorezca, el hombre debe tener a alguien.

Con todas las razas, etnias, culturas y diferencias políticas y religiosas, será toda una hazaña hacer que todos los hombres coincidan en principio. Pero esto es exactamente lo que el Anticristo será capaz de realizar. Habrá pocas, si es que alguna, barreras entre los hombres como la Bestia se demuestra a sí mismo. En pocas palabras, todos los incrédulos con sus muchas creencias diferentes, creerán en uno. Porque el verdadero enemigo en sus corazones es la verdad, que es el Cristo. Los muchos disturbios, desde los disturbios civiles a las catástrofes climáticas, están poniendo una pesada carga sobre nuestros líderes en todo el mundo. A medida que la angustia mundial aumenta día a día, los hombres se unirán en un Nuevo Orden Mundial, buscando una solución para apaciguar a todos. Sus ideas serán más dulces que el pastel de manzana de mamá, ¡pero ni siquiera mamá puede hacer un buen pastel de manzana con fruta podrida!

Por lo tanto, el Señor les dejará tener su día, y en su incredulidad, Él les dará un líder, un líder que ellos quieren para que puedan continuar en sus pecados. La oportunidad se perderá para ellos mientras se condenan a sí mismos. Él dirigirá el Reino de los Diez Cuernos, también conocido como las Diez Naciones y clasificado como Diez Dedos en el Libro de Daniel. Daniel 2:40-43 identifica su mezcla como parte de hierro y parte de arcilla. Sabemos que Siria se enfrentará a Israel y que el Anticristo será su líder. Cuatro de los cuernos son revelados con los otros tres siendo Egipto, Grecia, y Turquía. Por lo tanto, ¿podemos decir que el Reino de los Diez Cuernos será una Alianza Europea y Árabe? Extraños compañeros, en verdad, ¡como el hierro con la arcilla!

Y así está escrito en Apocalipsis 13:5-8, "También se le dio boca que hablaba grandes cosas y blasfemias; y se le dio autoridad para actuar cuarenta y dos meses. Y abrió su boca en blasfemias contra Dios, para blasfemar de su nombre, de su tabernáculo, y de los que moran en el cielo. Y se le permitió hacer guerra contra los santos, y vencerlos. También se le dio autoridad sobre toda tribu, pueblo, lengua y nación. Y la adoraron todos los moradores de la tierra cuyos nombres no estaban escritos en el libro de la vida del Cordero que fue inmolado desde el principio del mundo".

LA SEGUNDA VENIDA
EL MUNDO ES JUZGADO POR UN SALVADOR

En el Discurso del Monte de los Olivos (Mateo 24, Marcos 13 y Lucas 21), Jesús revela "como profeta" información que detalla su regreso. Es muy inusual y ciertamente digno de mención que Él conecte su regreso con el fin del mundo. Esta es otra de esas extrañas coincidencias, una conexión espeluznante. Incluso durante la Segunda Guerra Mundial, el hombre no podía destruirse a sí mismo ni a su planeta hasta la llegada de las armas nucleares. El hombre puede destruir este planeta diez veces en esta generación—eso es una novedad.

Aconsejo a todos que lean cada uno de estos discursos y se familiaricen con Jesús como profeta. Hay una combinación de información divina provista en ellos. Cabe decir que Jesús es muy específico al responder la pregunta que hacen los judíos. No hay ningún misterio en sus palabras, así que dejaré que hablen por sí mismas. Pero para mayor claridad, tengo algunos comentarios. (Todos los versículos de la siguiente sección son de Mateo 24.)

Recuerda quién está haciendo las preguntas—¡los judíos! Esta es una distinción importante que debemos tener en cuenta para no confundirnos. Cristo está hablando "a través" de los judíos acerca del mundo en general, y gran parte de las Escrituras están dirigidas únicamente a los judíos. Por ejemplo, los versículos 15 al 22 son acontecimientos que tuvieron lugar en Jerusalén y probablemente en todo Israel. Cristo les está advirtiendo de una gran angustia que vendrá como ninguna otra antes.

Es sorprendente que vea que otras religiones reconocen a Cristo como profeta más que las propias iglesias cristianas. El Islam es famoso por declarar eso; sin embargo, hay un problema—desde el punto de vista de ellos, él era solo un profeta. Le restan importancia a su nacimiento virginal. No hagamos lo mismo. Los versículos 23 al 28 advierten sobre falsos Cristos y falsos profetas. Presten atención a su advertencia. Las iglesias necesitan presentar a Jesús como profeta considerando todo lo que vemos. Creo que una barrera significativa para las iglesias es la falta de voluntad de predicar la ascendencia judía de Jesús, y cuando lo hacen, tratan la relación como si estuviera cortada para siempre. Pero el Señor ciertamente reflexiona sobre el corazón. ¡Escuchen su mensaje profético!

Es relativamente sensato concluir que los versículos del 5 al 31 representan el período de tribulación de siete años. Ya puedo "ver" que el mundo entra en una mentalidad agitada y angustiada. Advierto a todos que esto va a aumentar literalmente hasta un sentimiento de desesperación casi incontrolable. Mientras una masa mundial de incrédulos observa que su mundo pasa por estos cambios proféticos, su reacción será la ira. Israel finalmente será considerado el "problema". Estos serán, de hecho, esos tiempos terribles. ¡Solo aquellos anclados en la verdad tendrán discernimiento!

El versículo 42 dice "Velad, pues". Definitivamente estamos en un período de los más desafiantes, una generación de transición. Las iglesias no están considerando la interpretación literal de la Biblia y se están cegando a sí mismas con su enfoque simbólico. Un Dios literal habla literalmente. Si nosotros, en nuestra terquedad, nos negamos a cambiar, recordemos la difícil situación de Israel y recordémoslos bien.

Sirven como ejemplo su incapacidad para reconocer a Jesús cuando vino por primera vez. Por lo tanto, tenemos una excusa aún menor. Vemos las señales, por lo tanto, recibamos el mensaje profético que es la verdad tal como Dios mismo lo ha realizado, sin importar la amargura que esto suponga. Sé que la verdad es dulce para el receptor del mensaje, pero puede ser amarga para aquellos a quienes se la revelo.

Y considera esto: En cuanto a las siete cartas dirigidas a las siete iglesias en el Libro de Apocalipsis, Jesús juzga a las iglesias por sus "obras", pero les ordena que se "arrepientan". Él advierte a cada iglesia de las pruebas únicas que vendrán y luego le habla al individuo que vence y cuál será su recompensa. Creo que Cristo está escribiendo a personas religiosas que están en la Casa del Señor pero que han sido halladas en necesidad de arrepentimiento en el momento del rapto, a pesar de sus "obras". El justo vivirá por la fe, y ¿qué es la fe sin esperanza? ¿Y cuál debería ser la esperanza de la Iglesia? Los apóstoles proclaman Su regreso, y yo también. La pregunta es ¿lo haces tu?

LAS PARÁBOLAS DE LA COSECHA

LA PARÁBOLA DEL TRIGO Y LA CIZAÑA se encuentra en Mateo 13:24–30. El versículo 30 dice: "Dejad crecer juntamente lo uno y lo otro hasta la siega; y al tiempo de la siega yo diré a los segadores: Recoged primero la cizaña, y atadla en manojos para quemarla; pero recoged el trigo en mi granero". En los versículos 38 al 40, después de que los judíos le preguntaron el significado de esta parábola, Jesús responde— "El campo es el mundo; la buena semilla son los hijos del reino, pero la cizaña son los hijos del maligno. El enemigo que la sembró es el diablo; la siega es el fin del mundo, y los segadores son los ángeles. De manera que, como se arranca la cizaña y se quema en el fuego, así será en el fin de este mundo".

La parábola de las ovejas y los cabritos se encuentra en Mateo 25:31-46. Los versículos 31-33 dicen: "Cuando el Hijo del Hombre venga en su gloria, y todos los santos ángeles con él, entonces se sentará en su trono de gloria, y serán reunidas delante de él todas las naciones; y apartará los unos de los otros, como aparta el pastor las ovejas de los cabritos. Y pondrá las ovejas a su derecha, y los cabritos a su izquierda". El versículo 46 concluye: "E irán éstos al castigo eterno, y los justos a la vida eterna".

Incluso después de la batalla de Armagedón, habrá sobrevivientes. Ezequiel 39:2 revela que una sexta parte quedará en pie. Está claro que habrá hombres vivos que deberán ser juzgados. Y aquellos que son sus ovejas entran en el reino milenial de un gobierno de mil años bajo Cristo. Estas parábolas, que a menudo se han tratado como simbólicas, tienen un potencial infalible para ser también muy literales. Está escrito en 2 Pedro 3:9-10: "El Señor no retarda su promesa, según algunos la tienen por tardanza, sino que es paciente para con nosotros, no queriendo que ninguno perezca, sino que todos procedan al arrepentimiento. 10 Pero el día del Señor vendrá como ladrón en la noche; en el cual los cielos pasarán con grande estruendo, y los elementos ardiendo serán deshechos, y la tierra y las obras que en ella hay serán quemadas.".

Dios declara: "Acordaos de las cosas pasadas desde los tiempos antiguos; porque yo soy Dios, y no hay otro Dios, y nada hay semejante a mí, 10 que anuncio lo por venir desde el principio, y desde la antigüedad lo que aún no era hecho; que digo: Mi consejo permanecerá, y haré todo lo que quiero; 11 que llamo desde el oriente al ave, y de tierra lejana al varón de mi consejo. Yo hablé, y lo haré venir; lo he pensado, y también lo haré." (Isaías 46:9-11).

Yo "hablo proféticamente" estas cosas, reconociendo su potencial y siendo movido e instado por el Espíritu Santo a exponer lo que he llegado a saber para el beneficio de los demás. Porque el gran misterio es que el hombre, usando su propio "libre albedrío", no verá estas cosas a menos que se alimente a sí mismo con la Palabra de Dios. Por lo tanto, yo predico el evangelio como dice Juan el Bautista en Mateo 3:2: "Arrepentíos, porque el reino de los cielos está cerca". Sí, el tiempo de la restitución está sobre nosotros, y un gran día no está muy lejano. Porque está escrito en 1 Corintios 2:9: "Antes bien, como está escrito: Cosas que ojo no vio, ni oído oyó, Ni han subido en corazón de hombre, Son las que Dios ha preparado para los que le aman".

Y Esta Es La Instrucción Final

Nuestro Señor dice estas palabras en Mateo 10:32-33—"A cualquiera, pues, que me confiese delante de los hombres, yo también le confesaré delante de mi Padre que está en los cielos. Y a cualquiera que me niegue delante de los hombres, yo también le negaré delante de mi Padre que está en los cielos".

LA BATALLA DE ARMAGEDÓN: SU REGRESO

Ezequiel 38 y 39 y Apocalipsis 19 hablan de manera muy gráfica, como para no dejar ninguna duda de su incumplimiento... ¡aún! Dios habla en serio. Ahora entiendo Su furia, Su ira e incluso Su elección de palabras, como lo revela tan claramente. Al perdonar Dios al hombre por sus muchos actos de incredulidad una y otra vez, Él ha permitido que Su reverencia sea rechazada sin una retribución rápida.

Una vez más, la pregunta de por qué se convierte en la clave de la respuesta. Su retención de Su ira fue necesaria para que el hombre tuviera la oportunidad de demostrarse a sí mismo y todas sus faltas y para que podamos conocer la locura del libre albedrío fuera de la voluntad del Creador. Solía preguntarme por qué Dios consideraba a la Tierra un lugar de nobleza con todo el universo a Su disposición. Después de mucha oración, recibí una respuesta muy interesante a la pregunta. En todo el universo, este es el único planeta donde se le permite a una creación de Dios ejercer el "Yo quiero". Sí, el hombre tiene el desafortunado derecho de negar a su propio Creador y, sin embargo, vivir. Dios ha sido pasivo en beneficio de aquellos que están dispuestos a elegirlo en medio de todo el engaño. Entiendo la reverencia dada al Señor en Apocalipsis 4:11 donde está escrito: "Señor, digno eres de recibir la gloria y la honra y el poder; porque tú creaste todas las cosas, y por tu voluntad existen y fueron creadas". Es como si Él estuviera probando algo al reino angelical y, con toda seguridad, a su adversario... Satanás. La voluntad de Dios es la mejor voluntad.

Por lo tanto, ¿no ha sido Dios paciente? ¿No ha cedido para sacarnos de allí? No hay una sola forma de vida que se pida a sí misma nacer antes de nacer. La vida se da independientemente del receptor, y siempre desea nacer. para vivir sin importar las probabilidades. Comprendamos la ira de Dios, considerando las oportunidades que Él da. Dios pide todo lo que Jesús podía dar y tampoco cedió. Si Dios puede pedir tanto de Jesús, ¿con qué derecho podemos atrevernos a decir que Dios nunca permitiría un destino como el que revela el Libro de las Apocalipsis? Nosotros como cristianos siempre debemos considerar Su tono. Lee estas Escrituras porque en verdad son muy claras. Él llegará a un punto cuando haya tenido suficiente. Y ese punto se está acercando día a día.

Está escrito: "También Isaías clama tocante a Israel: Si fuere el número de los hijos de Israel como la arena del mar, tan solo el remanente será salvo; porque el Señor ejecutará su sentencia sobre la tierra en justicia y con prontitud". (Romanos 9:27-28). El hombre es salvado por gracia, por lo tanto, ¿quién puede discutir con la misericordia del Señor cuando debe llegar el fin de los pecados? El hombre está condenado por su error de poner a Cristo en la cruz. Sí, los Judíos tomaron la caída, pero la incredulidad de los Gentiles, excepto por un remanente también, prueba su culpa también. Si los gentiles rechazan a Cristo después de que se ha demostrado la resurrección, ¿de quién es el error más grande y cuyo juicio está más justificado? Dios no nos condena por nuestros errores, pero sí por nuestra "falta de arrepentimiento". Y así ha sido para Israel; un rechazo nacional requiere un arrepentimiento nacional. El Señor ha dado al hombre dos mil años de gracia. Pregunto entonces, ¿quién puede discutir el juicio de siete años del Señor?

El propósito primordial de Dios es restaurar Su gloria y Su honor ante los hombres. El Antiguo Testamento está lleno de tal necesidad. Además, es para dar a Cristo la gloria y el honor como Juez y Rey. El Libro de Daniel proféticamente vincula a Cristo y Su reino eterno. Actúa como puente entre Ezequiel y Apocalipsis de una manera muy dinámica. Un ejemplo lo encontramos en Daniel 2:34 y 44-45. Fíjate en la "piedra" que es una referencia a Jesús. Recuerde la pregunta "¿Quién es la piedra que desecharon los constructores?". (Ver 1 Pedro 2:4 y Mateo 21:24). Daniel 7 revela más, así como el capítulo 8 con el "Príncipe de los Príncipes". Todo esto revela a Jesús mismo destruyendo a la Bestia y su Reino de los Diez Cuernos.

CONCLUYENDO SOBRE LA PALABRA PROFÉTICA

Mucho se ha dicho, y personalmente estoy exhausto por el tiempo físico y la energía que se ha requerido de mí. Ciertamente he sido movido por el Espíritu para exponer lo que debe ser escuchado. Sé que Él ha elegido a otros que han optado por recibir, pero, aun así, es irracional pensar que muchos serán capaces de proclamarlo como yo lo he escrito. Sé la gran carga que tuve que superar y el sacrificio que supuso ser digno de recibir tales mensajes divinos. Todos tienen una Biblia, y aun así no ven. Dios siempre ha usado un mínimo y ha logrado el máximo, mostrando aún más Su poder. ¡Ningún hombre está más allá de Él!

Hay un círculo vicioso de eventos que pronto ocurrirán. Espero que seas bendecido por el conocimiento recibido, que tu fe se cargue, que tu alma se conmueva y que tu espíritu se alimente. Que se diga que mi Creador es también el tuyo; no hay preferencia, pero sí responsabilidad. Y están las promesas. Poco se ha dicho sobre las promesas, pero mucho se ha demostrado en la persona de Cristo mismo. ¿Aún no le esperamos? ¿Su Palabra sigue viva hasta hoy, dos mil años después? El propio Moisés sabe ahora por qué tuvo que esperar a la Tierra Prometida. El mundo se ha expandido como ningún hombre sabía que podría hacerlo, excepto Dios mismo. Dios ha cumplido literalmente Sus Palabras en Apocalipsis 5:9- "y cantaban un nuevo cántico, diciendo: Digno eres de tomar el libro y de abrir sus sellos; porque tú fuiste inmolado, y con tu sangre nos has redimido para Dios, de todo linaje y lengua y pueblo y nación".

Poco sabía Moisés de lo que Dios quería decir cuando le dijo a Abraham que sería el padre de muchas naciones. Dios ha realizado una obra de arte. Y sí, debido a una relación tan estrecha con Dios mismo, Israel ha sido cegado por la obra del Señor, sin embargo, por su propia elección. Veo un mundo a punto de cometer el mismo error contra Israel que Israel cometió contra su Mesías, porque los gentiles se han cegado a sí mismos. Sí, ninguno es el mejor ya que

Dios ha concluido que ninguno es justo, no, ni uno. Y a todos esos hombres orgullosos, Dios se dispone a probarlos en sus caminos.

La sutileza del Señor es asombrosa cuando realmente consideras todas las cosas. Así que consideren todas las cosas que he escrito. Deseemos conocer a nuestro Creador como un niño anhela la presencia de su madre. Es la única pasión que todos deberíamos buscar, y requiere fe. Alimenta tu espíritu, porque no sólo de pan vive el hombre de obra, sino de toda Palabra del Dios vivo.

Aquí concluyo este viaje con la Palabra del Señor. "Porque la ira de Dios se revela desde el cielo contra toda impiedad e injusticia de los hombres que detienen con injusticia la verdad; porque lo que de Dios se conoce les es manifiesto, pues Dios se lo manifestó. Porque las cosas invisibles de él, su eterno poder y deidad, se hacen claramente visibles desde la creación del mundo, siendo entendidas por medio de las cosas hechas, de modo que no tienen excusa". (Romanos 1:18-20)

LAS PROMESAS Y LAS CORONAS

ESTÁ ESCRITO EN 1 Corintios 15:54-55: "Y cuando esto corruptible se haya vestido de incorrupción, y esto mortal se haya vestido de inmortalidad, entonces se cumplirá la palabra que está escrita: Sorbida es la muerte en victoria. ¿Dónde está, oh muerte, tu aguijón? ¿Dónde, oh sepulcro, tu victoria?" Que quede claro que no hay causa mayor que la vida eterna. Hombres y mujeres se unirán a ejércitos y morirán por su país. Niños pequeños se unirán a pandillas y están dispuestos a arriesgar su vida para ser bienvenidos, más sin embargo, todo lo que se les promete es una medalla y una flor en una tumba. El hombre no puede darse nada más a sí mismo. Muchas personas mueren por una causa todos los días. El mundo corona a sus héroes constantemente, ya sean deportistas, políticos, soldados, policías, etc. Coronar no es nada nuevo, y recibir recompensas es una parte natural de los logros y el reconocimiento del hombre. Dios también ofrece promesas, y sé que se cumplirán en el tiempo señalado. Conozcamos el premio, porque el Señor ha prometido que lo recibiremos:

- La Corona de Vida—Esta corona se promete a todos aquellos que han resistido las tribulaciones y el martirio por

Cristo. Apocalipsis 2:10 dice: "Sé fiel hasta la muerte, y yo te daré la corona de la vida".

- La Corona de Gloria—Aquellos que han servido a Jesucristo en el papel de ancianos y pastores la recibirán. 1 Pedro 5:14 dice: "Los ancianos que están entre vosotros... recibirán una corona incorruptible de gloria".
- La Corona de Regocijo—Quienes hayan ganado a otros a la fe en Jesucristo como su Salvador recibirán esta corona. 1 Tesalonicenses 2:19 dice: "Porque ¿cuál es nuestra esperanza, o gozo, o corona de que me gloríe? ¿No lo sois vosotros, delante de nuestro Señor Jesucristo, en su venida?"
- La Corona de Justicia—Esta corona se da a todos los cristianos que anhelan el regreso de Cristo. 2 Timoteo 4:8 dice: "Por lo demás, me está guardada la corona de justicia, la cual me dará el Señor, juez justo, en aquel día; y no solo a mí, sino también a todos los que aman su venida".
- La Corona Incorruptible—Esta es una corona de pureza para los vencedores en la lucha espiritual diaria que libramos en nuestra vida. 1 Corintios 9:25 dice: "Todo aquel que lucha, de todo se abstiene; ellos, a la verdad, para recibir una corona corruptible, pero nosotros, una incorruptible".

"Mas nuestra ciudadanía está en los cielos, de donde también esperamos al Salvador, al Señor Jesucristo; 21 el cual transformará el cuerpo de la humillación nuestra, para que sea semejante al cuerpo de la gloria suya, por el poder con el cual puede también sujetar a sí mismo todas las cosas." (Filipenses 3:20-21)

Nuestro Salvador, el Cristo, concluye: "Yo Jesús he enviado mi ángel para daros testimonio de estas cosas en las iglesias. Yo soy la raíz y el linaje de David, la estrella resplandeciente de la mañana. Y el Espíritu y la Esposa dicen: Ven. Y el que oye, diga: Ven. Y el que tiene sed, venga; y el que quiera, tome del agua de la vida gratuitamente" (Apocalipsis 22:16-17).

ESCRITOS INSPIRADOS

ESTOY EN BUSCA DE TI, OH SEÑOR

Señor mío y Dios mío

Escucha mi clamor y conoce mi alabanza…
Porque yo estoy en busca de ti.

Porque he buscado en los lugares bajos… Sí, te he buscado en los

lugares escondidos.

En mi alma subo a la cima del monte más alto
Para encontrar al Dios de mi salvación

¿No soy elevado por tu Gracia

Y hecho para cantar por tus abundantes misericordias?

Yo soy en pos de ti, oh Señor.

Y en mi carne no te puedo encontrar. Pero
solo en mi espíritu te encontraré.

Recorro el camino del abejorro, buscándote,

Pareciendo no tener un camino directo…

Sin embargo, solo tu mano guía asegura mi destino.

Y así soy encontrado por ti, y mi camino se vuelve recto.

Soy hecho siervo del Señor

y amigo de Jesús, la Roca de mi salvación.

Por tu Espíritu soy quebrantado, pero por tu Espíritu fui fortalecido.

Piensa bien de mí, oh Señor,

para que no me vea obligado a luchar contra el Viento del Espíritu,
pues busco descansar como tú diste al hombre en su principio.

En mí hay una tormenta secreta calmada solo
por una voz tranquila y pequeña.

Sí, incluso un trueno silencioso,

porque mi Señor conocerá la alabanza que mora en mí.

Porque es una certeza que no seré silenciado.

Y que ni siquiera el pecado me invada, pues
mi espíritu no se esconderá de ti.

Aunque pueda tropezar, el poder de tu salvación me sostendrá.

Y me arrepentiré por siempre, porque solo tú eres por siempre justo.

Solo tú estás por siempre sin pecado, mi Señor Jesús.

Por lo tanto, pongo mi caso bajo tu cruz y no
busco más mi paz... ¡La he encontrado!

Porque es tu Espíritu el que ha determinado que se encuentre.

Has escuchado mi clamor, y mi voz ha sido escuchada.

Por eso, siempre oirás mi alabanza, porque tu sacrificio me
ha limpiado y tu salvación me ha hecho completo.

Yo te busco, oh Señor, porque eres un Dios secreto,
y buscas a quienes te buscan a ti y solo a ti.

Bienaventurados los que van en pos del Señor

y lo buscan a diario en el camino de los caminos… Amén.

PENSAMIENTOS FINALES: UN EVANGELIO DE "REGRESO A LO BÁSICO"

ESPERO QUE HAYA DISFRUTADO LA LECTURA DE ESTA COLECCIÓN DE ESCRITOS. Para mí, fue una experiencia que debía ser revelada, aunque tal "declaración" no era mi propósito o deseo inicial. Declaro que Dios me movió de una manera que se debe hablar de Él, y por eso, en última instancia, he hecho precisamente eso. Es realmente atrevido declararse profeta, pero en cambio me considero un ministro de la Palabra Profética de Dios. Creo que Dios está restaurando este ministerio en preparación para el regreso de Cristo. El verdadero profeta hará lo que la Escritura requiere en 1 Corintios 14:3— "Pero el que profetiza habla a los hombres para edificación, exhortación y consolación". Espero que este material produzca el fruto de la fe y el gozo.

He compartido estos escritos con personas muchas veces y he visto cómo han sido bendecidas por ellos. Todo lo que deseo es que la gente vea lo que yo veo. Espero que estos escritos eduquen y también prevengan, porque hay un repaso del Evangelio que viene que sacudirá todas nuestras zonas de comodidad. Cristo será el centro de atención como siempre, pero según la Palabra, Israel es Su propósito para el regreso, y debemos estar preparados para decir "¡Amén y Amén!". La salvación será de Israel al final, y mi esperanza es que no rechacemos esta verdad como está escrita en la Palabra, como Israel rechazó Su primera venida, que estaba en la Palabra. Lamentablemente, a pesar de las advertencias, la sabiduría dicta que muchos rechazarán esta realidad para su propio daño, porque ya está escrito. Satanás está revelando su maestría para hacer que el hombre no vea lo que debería poder ver. Así fue en el Jardín del Edén, así fue hace dos mil años cuando Israel fracasó y puso a Cristo en la cruz, y así es ahora cuando el mundo gentil (incluyendo a los miembros de la iglesia que no han nacido de nuevo, que no son conscientes y que no creen) está siendo llevado a poner a Israel en la cruz.

¿Podría ser que Dios nos esté probando de la misma manera en que fue probado Israel? ¿Y estamos nosotros e incluso las iglesias de arriba siendo probados? ¡Ciertamente creo que no! ¡Oh, la sabiduría del Señor! El hinduismo, el budismo, el islam, el ateísmo, la brujería y todas las demás religiones falsas están a punto de ser derribadas. Es por eso que la batalla de Armagedón está en las fronteras de Israel. Dios está dispuesto a demostrar una cosa y solo una cosa, y es—¡qué es la verdad y dónde se encuentra! Ahora, todo se reduce a que Él venza, no una preferencia denominacional, sino una comprensión de Su Palabra y que sea escuchada.

Si te fijas, esto no es religión, sino creencia en Su Palabra mediante una experiencia de nacer de nuevo con una relación personal con Cristo que es mucho más que solo iglesia, una distinción que necesita ser reconocida cada vez más con cada día que pasa. Que este libro te ayude en el proceso de animarte a mirar la Palabra de Dios con una unción fresca.

Mi corazón clama constantemente para que el mundo escuche estas cosas, pero están tan consumidos. Pero de vez en cuando, Dios me envía a alguien que sí me *escucha*, y eso hace que este esfuerzo merezca cada pizca de mi tiempo. Y así sigo adelante con este Nuevo Evangelio, que está uniendo a Israel y a la Iglesia en una entidad santa en preparación del reino venidero, dirigido por Cristo, "Señor de Señores y Rey de Reyes". ¡Tal es un evangelio de Vuelta a lo Básico!

A veces mis escritos pueden haber parecido caóticos al tratar de fusionar y volver a publicar el mensaje. Sin embargo, mi meta y motivo siempre ha sido refrescar o avivar la esperanza que hay en nuestro Salvador Jesucristo. Deseo una voz evangelística que espero dé a luz un avivamiento. El fin de los tiempos también se refiere a tiempos nuevos. El Libro de las Apocalipsis anuncia la llegada del

Reino de Cristo, cuando la muerte ya no exista y pierda para siempre su aguijón entre los hombres.

Las siete cartas, como se les llama en el libro, fueron escritas antes de cualquiera de los escritos inspiradores esparcidos a lo largo de las cartas. Ambos conjuntos de escritos ofrecen relatos detallados de acontecimientos proféticos recogidos en las Escrituras y proclamados para ser revelados en un entorno *inspirado*. Creo que las siete cartas ejercen el don de profecía escritas de una manera más formal y convencional. Cuentan con el apoyo de las Escrituras y captan plenamente las complejidades y paradojas que pueden existir al estudiar la profecía bíblica. Es una lectura recomendada independientemente del entorno denominacional o de la herencia nacional o racial.

Así está escrito en Efesios 2:5-8: "aun estando nosotros muertos en pecados, nos dio vida juntamente con Cristo (por gracia sois salvos), y juntamente con él nos resucitó, y asimismo nos hizo sentar en los lugares celestiales con Cristo Jesús, para mostrar en los siglos venideros las abundantes riquezas de su gracia en su bondad para con nosotros en Cristo Jesús. Porque por gracia sois salvos por medio de la fe; y esto no de vosotros, pues es don de Dios".

UN EVANGELIO DE "VUELTA A LO BÁSICO"

EL OBJETIVO DEL EVANGELIO ES "Un ministerio profético para asegurarnos del propósito de Jesucristo". Los cuatro principios fundamentales son:

1. Que sepamos que la perfecta voluntad de Dios es que tengamos un conocimiento "salvador" en Jesucristo. Escritura fundacional clave: Juan 15.
2. Que sepamos que el propósito y el poder de la profecía es que podamos tener una "palabra más segura" de Dios Padre. Escritura fundacional clave: 2 Pedro 1:16-21.
3. Que deseemos una medida más completa del Espíritu Santo ofreciendo una medida completa de arrepentimiento para que podamos recibir los dones del Espíritu Santo y

manifestar el fruto de Su presencia. Escritura fundacional clave: Hechos 2:37- 38 y Gálatas 5:22-23.

4. Que la bendita esperanza de la iglesia siga siendo la ferviente expectativa de la segunda venida de Jesucristo "por nosotros los que vivimos y permanecemos". Escritura fundacional clave: 1 Tesalonicenses 4:13-18.

FRUTO FUNDACIONAL DE ESTE MINISTERIO EVANGÉLICO Y DE LA POSICIÓN DE SUPERVISOR

- Fruto fundacional—*Siete cartas detallando el marco profético*— *obra del regreso de Cristo* por Gregory Booker
- Nombre del supervisor—Gregory A. Booker
- Título—Ministro de la Palabra Profética (1 Corintios 14:3)
- Vehículo-Evangelismo (Efesios 4:11)
- Dones del Espíritu Santo manifestados para el perfeccionamiento de los santos
- 1 Corintios 12:1-11 «Y estos son los dones que el Señor me da»-Palabra de conocimiento...palabra de sabiduría...discernimiento de espíritus, culminando en la operación de...el don de profecía
- Declaración final—"Me someto al llamamiento del Señor para el propósito de las iglesias para que puedan ser edificadas, exhortadas y aún consoladas mientras nosotros la novia nos preparamos para el regreso de nuestro Señor el Cristo".
- Norma de conducta— "Presentad vuestros cuerpos en sacrificio vivo" (Romanos 12).
- El adversario— "No nos dejemos engañar, porque lo que debería ser obvio... ¡evidentemente no lo es! Tal es la obra del adversario".
- Nuestra armadura— "Estad... ceñidos los lomos con la verdad. Coraza de justicia. Pies preparados para la paz. Escudo de fe. Casco de salvación... y la Palabra como espada". (Efesios 6)
- Lema— "La discreción te guardará, la inteligencia te mantendrá" (Proverbios 2:11)

JUSTIFICACIÓN PARA UN EVANGELIO DE "REGRESO A LO BÁSICO"

NO PLANEÉ SER LO QUE ya estoy haciendo. Simplemente tenía curiosidad por la profecía y, por lo tanto, busqué una mejor comprensión de Jesucristo, de quien, admito, sabía poco. Esa búsqueda comenzó en noviembre de 1989 después de leer el libro de Hal Lindsey titulado *The Late Great Planet Earth* (El Gran Planeta Tierra que Desapareció). Ese libro se centraba en la profecía cumplida y en la que no se cumplió. Resaltaba la nación de Israel y el parentesco de Cristo con esa nación. Así que, continué por ese camino, estudiando una variedad de libros de una variedad de escritores sobre este tema.

Después de un período de saturación, de repente una voz en mi conciencia me dirigió y me dijo de manera imperiosa: "Ahora escribe lo que has llegado a saber". Entonces, inmediatamente me senté y escribí mi primera carta, fechada el 16 de mayo de 1990, y concluí con la séptima carta escrita en julio de 1991. Durante todo este período de escritura, compartí las cartas con todo aquel que tuviera oídos para escuchar. Busqué específicamente a ministros para que hicieran una revisión crítica, de modo que pudieran evaluar la solidez de las Escrituras y tal vez beneficiarse ellos mismos y a su congregación, si esa información les era desconocida. Esto se hizo primero por respeto a su posición en la Casa del Señor.

En este día de diciembre de 1992, he compartido las primeras tres cartas con más de doscientas cincuenta personas, de las cuales aproximadamente treinta y cinco eran ministros, y aproximadamente setenta personas han recibido las siete cartas. Si bien estoy eufórico de que ningún ministro me haya reprendido por corregirlas, me entristece que tampoco hayan apoyado la conclusión de que las cartas sí revelan. Es curioso que la "Esperanza" que aún no he entregado haya hecho que muchos del rebaño se conmuevan, pero no los pastores. Por lo tanto, estoy decepcionado por la falta de respuesta de los ministros. Su silencio (con la excepción de unos pocos) me perturba en lo que respecta a la justicia, porque ¿no dijo Jesús: "El que esté libre de pecado, que tire la primera piedra"? Y ninguno lo hizo, porque todos se fueron en silencio. ¡El silencio tiene su propio trueno!

Es por esta razón que me he sentido impulsado a iniciar un evangelio de "Regreso a lo Básico". En verdad, no deseo tener mi propia iglesia, sino predicar a y en las iglesias que ya existen como evangelista. Hay más que suficientes iglesias con bancas vacías. La mayoría de las personas me indican que sus iglesias no tienen una verdadera comunión entre sí. Están demasiado orientadas al dinero, demasiado basadas en el orgullo, demasiado pretenciosas o simplemente demasiado antibíblicas. Por lo tanto, que este ministerio busque dar respuestas a aquellos que se atreven a tener preguntas en estos tiempos tan desconcertantes.

Este ministerio es reactivo. Concluyo que muchos han olvidado su primer amor (Jesús) y que tienen poca o ninguna esperanza en Su regreso, y sin esperanza uno debe preguntarse entonces: "¿Dónde está su fe?" Permítanme decir que no es tan importante que lo que he escrito sea correcto, sino que lo que es más importante es que nosotros, los que somos llamados cristianos, debemos creer siempre y, al mismo tiempo, desear ansiosamente la esperanza de Jesucristo. Es la prueba de nuestra creencia en la resurrección, y cualquier cosa menos que eso nos impedirá vencer la duda, que es el enemigo de la fe.

Este ministerio buscará proporcionar una vía para aquellos santos que simplemente desean saber lo que siento que el Espíritu Santo nos ha dado para saber y que yo, en última instancia, he puesto por escrito para el beneficio de los demás. Es único, y es mi deseo atraer a la gente a este ministerio con el propósito de enviarlos de regreso a sus iglesias locales para difundir las buenas nuevas de este evangelio. He probado la puerta principal de la oficina del ministro, ¿entraremos ahora por la puerta trasera por la congregación?

Por el momento, llamémoslo un ministerio "encubierto" que no tiene una ubicación física, excepto su cuerpo, también conocido como el templo de Dios para aquellos que adoran a Cristo. Las Escrituras desean que todos profeticemos, pero no que todos debamos ser profetas, porque es el Señor quien da. Que nuestro principal objetivo sea este—usar la profecía con el propósito de probar nuestra creencia y dar a conocer nuestra esperanza para que en ese día podamos ser hallados dignos e irreprensibles debido a nuestra fe.

Por lo tanto, deseable para el Señor, seremos "arrebatados" por nuestro Señor, sacándonos de ese gran día de maldad que ciertamente se acerca a esta generación. ¿Y cuál es el propósito de este mal? Es para que Israel sea liberado de un mundo de incredulidad y, de manera concluyente, Dios se demuestre a Sí mismo y la gloria que está en Su Hijo el Cristo. Y así, la verdad será revelada y probada.

CIERRO CON UN DERRAMAMIENTO

OH DIOS MÍO, GRANDE ES TU ROSTRO. Porque no me conocía a mí mismo ni mis pecados hasta que te conocí a Ti y tu justicia. Sí, uno ha revelado al otro. Tu gracia me es conocida y que sea conocida por todos. Estoy convencido por tu obra, Señor Jesús que se hizo un poco menor, para que yo pueda conocer a mi Creador y ser salvo por Su salvación. Él es nuestro consuelo determinado a no estar ausente de nosotros.

Pero debemos aceptarlo reconociéndonos a nosotros mismos por lo que somos. Derribo el orgullo que me ciega a Su propósito. ¿No ha demostrado Él Su valía? No busco ganar mi salvación sino hablarla y hablarla clara y audazmente, para que se conozca como Él la quiere.

¿Soy un testimonio de Su causa? ¿Busco para mí mismo? Sin precio ni compra doy libremente lo que me ha sido dado libremente por la gracia de Dios quien desea que conozcamos estas cosas a Su insistencia. El Espíritu ha hablado y yo he escuchado. El Espíritu ha dirigido y yo escribí. Por lo tanto, lávense en la sangre de Jesús quien fue y es un sacrificio vivo por todo el mundo para que todos puedan ser salvos. Porque todos están destituidos de la gloria de Dios, y es Su santidad en la que debemos desear estar. Sí, en Sus huellas el Espíritu de Verdad requiere de nosotros que seamos sellados ahora y para siempre. Y sé que he sido guardado y reservado para esta causa, para que unos cuantos más puedan ser traídos al oír este evangelio y para que la verdad pueda ser conocida antes de que Su mano de juicio sea determinada. Es por Su gracia que he recibido de él.

Por lo tanto, debo permanecer firme y, sin embargo, debo hablar lo que ha sido escrito tal como ha sido escrito. Temo al Señor sobre todo y amo a Jesús, quien nos amó primero. Soy responsable, pero ¿no soy también fortalecido? ¡Me levanto porque ahora *puedo* hacerlo! En este día, que el Señor me use poderosamente, ya que en verdad me ha preparado para estar ante la congregación para que pueda proclamar las cosas que vendrán. Llamado a revelar y a advertir, ¿no soy también llamado a clamar? Porque al revelar, debo advertir, y por el silencio, clamo. Sin embargo, me mantengo firme en que el Dios Verdadero se demostrará a Sí mismo para el propósito de Su Hijo, de que Él sea glorificado en ese día. En el nombre de Jesucristo, oro.

¡Amén y Amén!

Gregory A. Booker

UNA NOTA DE AGRADECIMIENTO

Quisiera dar las gracias personalmente a todos aquellos que han dedicado su valioso tiempo a leer mis cartas. No tenía ni idea de que escribiría y, sin duda, no tenía ni idea de que podría ser tan bendecido al escribir de manera tan convincente como muchos de mis lectores han reconocido. Permítanme decir que sus elogios son bien recibidos y, de hecho, han sido parte de mi inspiración continua. Soy un vehículo imperfecto utilizado por un vehículo perfecto, el Espíritu Santo. Estoy convencido de Su presencia y espero que otros también lo estén al leer mis palabras. Si los testigos de Jehová, los mormones, los seguidores de la Nueva Era y muchos otros pueden predicar tan abiertamente cosas que no son de la Biblia, ¿por qué no puedo esforzarme con la misma intensidad en predicar la Biblia? ¿Acaso no he definido la verdad? Ruego minimizar mis opiniones para maximizar las del Espíritu. Por lo tanto, ¿cómo puedo gloriarme en mis propios escritos? Que se diga que no, porque el mensaje es Suyo, y yo no soy más que un mensajero llamado a revelar y a advertir con base en la fe. Desde el principio de los tiempos, ¿no ha sido siempre fe y sólo fe? He sido bendecido al ver los resultados de la fe, y por eso los comparto para que todos puedan verlos también tan claros como el cielo azul y tan seguros como la Biblia en sus manos.

Cuando escribí mi primera carta titulada "La necesidad del regreso del pueblo escogido de Dios", no tenía intenciones de escribir otra y otra, etc. Pero está claro que el Espíritu Santo tenía otras ideas. Y por eso me vi obligado a escribir como está escrito en 1 Corintios 9:16: "Pues si anuncio el evangelio, no tengo por qué gloriarme; porque me es impuesta necesidad; y ¡ay de mí si no anunciare el evangelio!".

Para mí está claro que estas cartas están escritas con la intención de ser habladas. En esencia, son "cartas de predicación". La belleza de ellas es su claridad. Esto permite al lector dirigirlas a otros basándose únicamente en la fe. Dios parece estar excusando la falta de conocimiento, pero nunca excusará la falta de fe. Esta es la situación desconcertante de los santos de la tribulación mientras nuestro Señor se prepara para la redención prometida de Israel.

¡Oh, escuchemos la voz del Señor mientras restaura a Su pueblo! Sí, reconozcamos al Espíritu de Verdad, ¡clamemos por la justicia!

De hecho, ¿no ha elegido a Israel por nuestro bien?

Preparad el camino

Nuestro Señor habla y yo he escuchado Su tono

¡Y he escuchado Su mandato!

Como está escrito en Isaías 62:6 y 7

"Sobre tus muros, oh Jerusalén, he puesto guardas, que de día y de noche no callarán jamás; los que os acordáis de Jehová, no calléis. Y no le deis tregua hasta que restablezca a Jerusalén y la ponga por alabanza en la tierra".

En verdad, vigilo y no puedo callar.
¡Amén!

Gregory A. Booker

AGRADECIMIENTOS

Y, por último, reconociendo el mérito como es debido, doy las gracias a todos aquellos libros que me han ayudado en mi búsqueda de la verdad. Aunque mi aprendizaje no ha sido a través de una escuela acreditada de ministerio, que se sepa que he necesitado los esfuerzos de aquellos que se dedicaron a través del proceso colegiado. Aprovechemos el material de lectura disponible, y que la lista que se ofrece te sirva de punto de partida. Gracias a los escritores, ¡gracias de verdad!

Los reinos del Señor por David F. Payne

El día en que ardió Jerusalén, de desconocido

La Historia de los Judíos por desconocido

El Gran Planeta Tierra por Hal Lindsey

Satanás está vivo y bien por Hal Lindsey

El Regreso por Michael Evans

El Rapto por Hal Lindsey

El silencio es trueno por Joel Goldsmith

Platillos volantes y la Biblia por Barry H. Downing

El Día del Holocausto por Hal Lindsey

Lugares sagrados: "Judíos, Cristianos e Islámicos" de Christopher Hollis

Armagedón: Cita con el destino, de Grant Jeffrey Troubling Biblical

Waters, de Hope Cain Felder

La fe en combate, de Hal Lindsey

Hasta el Armagedón por Billy Graham Heaven

La Última Frontera por Grant Jeffrey

Ángeles en Comisión por Billy Graham

Jesús, Una Entrevista a Través del Tiempo por Andy G. Hodges, MD

Guerra en los Cielos por Benny Hinn

Los Dones del Espíritu por J. W. MacGorman

Y, por supuesto, *la Biblia de Referencia Thompson Chain*, 4ª Edición, y *La Biblia de Referencia Anotada de Dake*.

Un agradecimiento especial a los escritores de fe que me dieron la curiosidad de mirar en la Palabra de ayer para ver la esperanza de nuestro mañana.